HOW TO PRODUCE
AN INDUCTION COURSE
AND A COURSE OF LECTURES

学習事業 成功の秘訣!

# 研修・講座のつくりかた

佐藤晴雄

東洋館出版社

# はじめに

研修・講座には、職員など特定の人を対象したものから不特定多数を対象にしたものまで多岐にわたり、またその内容や方法も多様化してきています。企業や役所・教育委員会などでは、職員の資質向上が課題とされ、そのための研修が重視されています。また、生涯学習施策では学級・講座の充実が叫ばれ、特に仕事をリタイアしたシニア世代に対する余暇活用の観点からそれら学習事業の充実が求められ、学校教育の世界では教職員の資質向上と課題解決のための各種研修が拡充されています。大学でも公開講座を開催し、一般市民に学習の機会を提供するようになりました。

しかしながら、研修・講座の企画から実施までのノウハウは共有化されにくい状態に置かれ、ベテラン担当者の経験や知識が活かされないことが少なくありません。企画をどう立て、講師をどう探し、担当者としてどうかかわるのかが曖昧にされたままで研修・講座が実施されることがあります。

かつて私は、教育委員会の社会教育主事として、社会教育関係の研修・講座や講演会で多くの方々に講師として依頼した経験をもっていますが、講師等に対してずいぶん失礼なことをしたように思います。非常識な薄謝で著名人に講演を依頼したり、打ち合わせのために超多忙な講師のもとを訪れたりしました。講師に、開始時刻よりだいぶ前に来ていただくよう頼んだりしたこともあります。私自身、その当時に研修・講座のつくりかたをいろいろと学ぼうと、ベテラン職員にコツを聞いたり、関係がありそうな図書を読んだりしていました。それでも、講師に失礼な対応を行ってしまいました。

その後、大学に転職してから、各地の教育委員会等から研修・講座の講師を依頼されることが多くなりました。今度は、研修・講座の担当者としてではなく、依頼される講師の立場に替わったのです。そうなると、担当者の立場からは見えなかった、あるいは感じなかった数々の問題点が見えてきました。

そこで、本書では、筆者の社会教育主事としての経験を踏まえるとともに、研修等の講師経験も活かしながら、研修・講座等の学習事業の企画から実施・評価に至るノウハウを提供したいと考えました。また、そうした筆者の経験だけでなく、研修・講座に関する理論を踏まえることにしました。なお、企業研修のノウハウに関する関係図書はいくつか刊行されていますが、これらは、啓発を目的とした義務的な研修を企画するためのノウハウを提供しているものなので、本書が扱う広い範囲の研修・講座のノウハウを含んでいません。

本書は、一般市民の生涯学習の機会としての研修・講座を中心に、学校教職員の研修や企業研修にも活用できるノウハウを取り上げています。つまり、学習の魅力づくりや広報のアイデア、講師依頼のコツ、担当者の役割などにも言及しています。したがって、本書が想定する読者は以下のとおりです。

①教育委員会や首長部局の生涯学習関係事業担当職員

②教育委員会等の教職員研修担当職員
③校内研修担当の教職員およびＰＴＡの研修担当者
④ＮＰＯやその他民間事業所・団体の研修・学習事業担当者
⑤企業の研修担当者

なお、本書は成人学習を教育学的に考察したものではありません。あくまでも研修・講座の実務担当者にノウハウを提供することを目的とした参考書です。したがって、関係する理論を取り上げる場合も、それらに関する諸学説を吟味するという姿勢をとらず、実務に有用なものを選んで参考にしました。

本書にはまだまだ不十分な点が多々あろうかと思います。今後、関係者には忌憚のないご意見や温かいご指導を頂戴しながら、さらに本書を育てていきたいと思っています。

平成25年5月吉日

著者　佐藤　晴雄

# 研修・講座のつくりかた

CONTENTS

# 1

## 研修・講座のつくりかた

# 学習プログラムとしての
# 研修・講座

第１章では、研修・講座について学習者の特性にも触れながら述べることにします。

まず、研修・講座の意義と目的をとりあげます。その意義・目的は、「教養の向上」「意識改革」「知識・技術の習得」「人間関係の構築・改善」「諸資格の取得」に分けられます。

次に、これら研修・講座に参加する学習者の学習動機をいくつかのタイプに分けて、それぞれの特徴を描きます。そして、学習事業の形態である講座、学級、教室、講習会・研修会、大会・祭の特徴とメリット／デメリットについて解説していきます。

# 1 研修・講座の目的

■研修・講座は、次のようなことを目的としたものに分けられる。
＊純粋に学びたいという欲求に応えること　【教養の向上】
＊学習者の意識改革を図ろうとすること　【意識改革】
＊知識・技術を習得させること　【知識・技術の習得】
＊人間関係をよくすること　【人間関係の構築・改善】
＊資格取得を促すこと　【諸資格の取得】
■研修・講座を企画する場合、目的をある程度絞り込む。欲張っていくつもの目的を設定してしまうと、学習者が混乱する。以上の目的のうち、2つくらいの設定に絞るのがよい。

社会教育や生涯学習の機会として、教育委員会や公民館等では各種の学級・講座が開催され、多くの市民が教養の向上や生活課題の解決を目指して、熱心に学習しています。また、近年は教職員の資質向上をより重視するようになったことから、教育委員会や教育センターが数多くの多様な研修を実施しています。さらに、企業でもOff-JT※の一環として各種研修・講座に取り組んでいるところです。

これら研修・講座はそれぞれの具体的なねらいをもっているでしょうが、その目的は以下のように分類できます。

**1」教養の向上**

特定の生活上の課題の有無にかかわらず、学びたいという純粋な欲求をもっている人は少なくありません。生きがいを見出したいという人もいます。

そうした欲求に応じることを目的にした研修・講座があります。公民館やカルチャーセンター等の講座に多く見られます。たとえば、文学講座、歴史講座、芸術教室などの例があります。学習内容は人文科学、社会科学、自然科学のいずれかの分野に属するものが多くあります。また、趣味・お稽古ごとも教養の向上をねらいとします。

**2」学習者・職員等の意識改革**

特定の知識・技術の習得を促すというよりも、学習活動を通して学習者の態度変容や啓発を図ることを目的とします。

人権問題や環境問題、国際理解などの研修・講座は、通常、知識の普及を通して

※ **Off-JT**
「職場外研修」と呼ばれ、職場外での研修による業務遂行上の能力訓練を指す。これに対して、OJT（On-the-job Training）は、日常の仕事を通して、先輩や上司から仕事のノウハウを学ぶことを言う。職場での研修会等はこれには該当せず、Off-JTになる。

学習者の意識改革を図るために実施されます。また、管理職研修や経験者研修などの研修・講座も、職層や職務経験にふさわしい態度や指導力を身につけさせるために実施されるものだといえます。

### 3〕生活・職業上の知識・技術の習得

日常生活や職業に必要な知識や技術を習得したり、磨いたりすることを目的とした研修・講座があります。

パソコン教室や料理教室などは、仕事や生活に必要な知識・技術の習得を目的とし、スポーツ関係の研修・講座の多くは、スポーツのルール理解や基本技術の習得のために実施されています。最近は、年金や退職後の生活設計を扱った講座が目立ちます。

また、役所や企業で行う「初任者研修」や「新人研修」などのOff-JTは、主として仕事に必要な基本的知識・技術を習得させることを目的としています。

このタイプの研修・講座のうち、料理やスポーツなど、主として技術習得を目的とする学習事業は、通常「〇〇教室」という名称が付されています。

### 4〕人間関係の構築・改善

学習者のコミュニケーション能力を高めたり、人間関係を広げ、改善させたりすることを目的とする研修・講座があります。討論やワークショップ、ロールプレイング※、アサーショントレーニング※などの方法が用いられることが多いようです。

心理学をベースにした研修会などが多いようですが、公的な学習事業（公共施設が主催する事業）が開催する「仲間づくり」のための学習事業などもこのタイプに当てはまります。

戦後開設された青年学級は、学習活動を通して仲間づくりを図ることを重要な目的としていました。このほか、家庭教育学級や高齢者学級なども、参加者の「つながり」を築くことを大きな目的の1つにしています。

## 5］諸資格の取得

生涯学習関係の研修・講座には、資格取得にかかわるものが結構多くあります。その場合、直接資格を取得させるタイプと間接的に資格取得を促すタイプの研修・講座に分けられます。

直接資格を取得させるタイプの事業は、必要な学習科目と学習時間をクリアすれば、学習者に資格を授与したり、あるいは資格取得申請を可能にするものです。たとえば、救急法やレクリエーション指導者資格、スポーツ関係の審判員資格、16ミリ映写機操作講習会※修了資格などの取得が可能な講習会などがあります。



※**ロールプレイング**
役割演技法と呼ばれる教育訓練技法の一つ。人と人とがお互いに対応する場面を通して、自分の与えられた役割を遂行することで学習の深化を図る。

※**アサーショントレーニング**
自己主張に困難を感じている人が対象。自分と相手、お互いのアサーティブ権（人権）を尊重した上で、自分の意見や気持ちをその場にふさわしく表現できるようにする。

※**16ミリ映写機操作講習会**
公立視聴覚ライブラリー（視聴覚センター）等が所蔵する16ミリ映写機や16ミ

間接的に資格取得をめざす事業には、簿記や書道、英検などを扱う研修・講座があります。研修・講座を終えてもそのまま資格が取得できるわけではありませんが、めざす資格のために学習プログラムが組まれているのです。

このほか民間カルチャーセンターや企業研修では、民間関係団体が授与する各種資格の取得にかかわる学習事業を数多く実施しています。

＊

研修・講座の担当者としては、以上のうち、どの目的を設定するかを明確にして企画する必要があります。複数の目的を設定してもよいのですが、その場合でも2つまでに絞り込むほうがよいでしょう。目的が多いと、学習者が混乱したり、運営が難しくなったりします。

リ映画フィルムを借りる際には、この操作講習会の修了証が必要になる。講習会プログラムは、講義、実習、検定（個別操作テスト）からなる。修了証は取得した市町村以外でも有効。

# 2 学習者の動機

■学習者には様々な動機をもっている人がいる。自発的に参加する人／義務として参加する人／学習内容に関心をもっている人／資格取得など修了することに意義を見出す人など。
■担当者は、これらのうち、どのタイプの学習者が多いのかを把握し、適切に対応する。

## 1 学習者の動機とタイプ

研修・講座に参加する人は、様々な思いや動機をもっています。公民館の講座等に参加する人であれば、余暇を活用したい、あるいは生活を豊かにしたい、子育てに役立てたいなどです。

企業研修の参加者には、仕事の一環としてある種の義務感を動機としていることが少なくありません。行政が委嘱する各種委員（青少年育成委員、民生児童委員、保護司など）も、義務感から行政の研修に参加しているのかもしれません。
　また、リピーターと呼ばれる講座の常連は、明確な動機をもっているというよりも、漠然とした思いから研修・講座に参加してきます。学習することやその場に加わることに意味を感じているのです。

**Column**

社会教育学者の鈴木眞理教授は、フール（Cyril O.Houle, 1913-1998）による学習者のタイプ、すなわち目標志向型、活動志向型、学習志向型という3タイプを引用し、この類型をよくできていると評価しています。※筆者の解釈をまじえて記すと、各タイプの特徴は以下のとおりです。

**【目標志向型】** 資格取得や技術習得などの目標達成のために学習するタイプ。自動車教習所で学ぶ人、英検合格を目指して英会話教室に通う人などが当てはまる。また、テニスを楽しみたいなど、資格ではなくノウハウを身につけたいと思っている人も該当。

**【活動志向型】** 様々な社会的活動（福祉活動や政治活動などを含む）の中から、たまたま学習活動を選択したタイプ。企業を定年退職後、余暇を有意義に過ごすために学習事業に参加した人などが該当。

※鈴木眞理著『学ばないこと・学ぶこと—とまれ・生涯学習の・ス・ス・メ』学文社、2006年、47〜49頁

**［学習志向型］** 学習すること自体に意義を見出すタイプ。このタイプには、仕事ばかりに追われていたので何か学びたいという漠然とした知的好奇心をもつ人と、学生時代に好きだった歴史を学びたいという目的が明確な人に分けられる。

コラムで取り上げたフールのタイプ分けは参考に値しますが、実際にはそれらタイプに属さない学習者もいます。前述したように、義務感から研修・講座に参加して学習している人です。

職員研修、特に職歴や職層に応じた必須の職務研修のほか、PTA役員研修会や青少年育成委員研修などにはそうした学習者が珍しくありません。自動車免許の更新時の講習などは、ほとんどの人が義務感から学習するのではないでしょうか。

そこで、筆者が分類した4タイプの特徴について述べることにしましょう（**図**）。このうち「内実志向」は、フールの分類による活動志向型と学習志向型に属し、「形式志向」は目標志向型になります。なお、それぞれのタイプには、適した研修・講座の目的のタイプを記しておきます。

### ①自発的内実志向

自発的な意志から学習し、学習自体に重きを置くタイプ。

このタイプは、学習過程を重視し、資格など形式は学習成果として受け止めるにすぎません。仕事に追われている人が時間を割いて学習という知的な行為を楽しんだり、高齢者が余暇を学習活動によって充実させたりしようとするのは自発的内実志向によるものといえます。

したがって、学習活動に対しては積極的で、まじめに取り組もうとします。料理がうまくなりたい人、好きな歴史を学びたい人、老後が気になるから年金制度を学びたいという人、子育てについて深く知りたい人などは、このタイプの志向をもっています。

図　学習志向の４タイプ

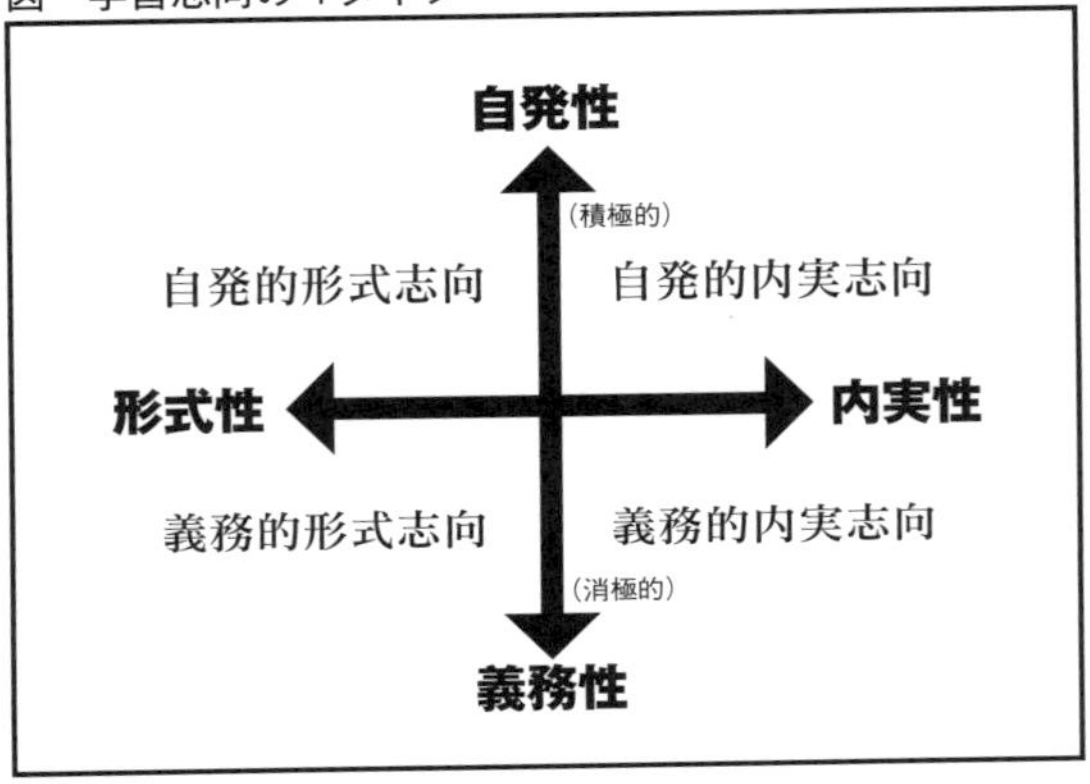


●**対応する研修・講座の目的**●「教養の向上」「生

活・職業上の知識・技術の習得」「人間関係の構築・改善」

### ②自発的形式志向

この場合も自らの意志によって学習しますが、関心は資格や修了（修了証※の取得も）などの形式に置くタイプ。

いろいろな資格取得をめざす資格マニアはこのような志向をもっています。したがって、このタイプは、学習行為自体を楽しむというよりも、学習を終えることに力点を置くので、余計な活動を好まない傾向があります。生涯学習関係の研修・講座では修了後に参加者によるサークル化がなされることもありますが、そうした活動にはあまり関心を示しません。

また、この場合の「形式」にはステイタスも含まれます。たとえば、学習していることやカルチャーセンターに通っていることはステイタスにつながるでしょう。

**●対応する研修・講座の目的●**「生活・職業上の知識・技術の習得」

### ③義務的内実志向

何らかの事情によって知識・技術の習得をめざそうとするタイプ。

大学入試をめざす予備校生が典型的な例になります。社会人でも、パソコン操作や英会話が仕事に欠かせなくなったら、嫌でも学ぶことになります。それは資格な



※**修了証**
研修・講座等に一定回数出席した受講者に授与される賞状様式の証書。特に、資格にかかわる意味はないが、学習成果の一つの形とされる。

ど形式ではなく、パソコンが使える、英語で会話できるという内実が志向されることになります。

ただ、このタイプも、目的に直結する学習以外の活動は余計だと考える傾向があります。私が担当したレクリエーション・リーダー講習では「ゲームと人権」という学習コマが組まれていましたが、そうしたタイプの受講者にはそのコマを欠席する人が多くいました。

**対応する研修・講座の目的**「生活・職業上の知識・技術の習得」「人間関係の構築・改善」

### ④義務的形式志向

義務感から研修・講座で学習するタイプ。

企業や公務員の職層研修などが当てはまります。学校教職員の場合だと、10年経験者研修や**免許更新講習**※、管理職研修などの参加者がこのタイプに属するかもしれません。いずれも、学習者にとっては研修を修了することが何よりも重視されます。

大学生でも、大学で専攻以外の卒業要件科目を履修する場合には、単位取得という形式に対する関心が強く、学習の内実にはあまり関心を示さない例が少なくありません。この場合も義務的形式志向だと言えます。

**対応する研修・講座の目的**「諸資格の取得」「学習者・職員等の意識改革」

---

※**免許更新講習**
教員免許状は、授与された日の翌日から10年を経過する年度末までを有効期間と定められるようになり、これを更新する場合には、免許更新講習を修了することが必須となる。講習は30時間以上。

## 2 各タイプに応じた担当者の対応

### ①形式志向の学習者に対して

以上の4タイプのうち、講師・指導者を手こずらせるのは、「義務的形式志向」から学習している人たちです。居眠りしたり、私語を交わしたりする受講者が現れやすくなります。やる気のない学生に講義を行うような感じだと言ってよいでしょう。そうした場面で担当者としては、どうすべきでしょうか。大人相手だと、居眠りしている受講者の肩を叩くのは難しいと思います。

そこで、次のような配慮に努めます。

- 受講者に所定の用紙を配付し、感想だけでなく、講義等の内容を要約させ、これを提出させる。義務研修ならばその提出を義務づけても問題ない。
- 職員研修などで見られる例だが、居眠りしそうな消極的受講者を見つけて、あらかじめ彼らにお礼の辞を述べさせたり、質問を義務づけるなど、何らかの役を割り振る。
- 研修開始前に、研修の目的・位置づけ・受講者の様子を講師に伝えておく。

また、自発的形式志向の学習者に対しては、特に問題がないので通常の対応でかまいませんが、出欠を気にする人もいるので、出欠をしっかりチェックするなどして、学習者がそれを確認できるよう配慮するとよいでしょう。

### ②内実志向の学習者に対して

自発的であれ義務的であれ「内実志向」の人は学習に前向きなので、講師には高い専門性と細かな指導、わかりやすい指導を求めてきます。このような学習者が多い場合には次のように配慮します。

- 講義の前後に質問時間を設定する。
- 学習者が事情により欠席した場合には、欠席日の配付資料等を渡す。
- サークル化などで自律的学習を促し、そのための情報提供に努める。

### ③様々なタイプが混在する場合

筆者が長年担当していたレクリエーションリーダー講習会には、いろいろなタイプの人が参加していました。修了後に得られる日本レクリエーション協会指導者資格をめざしたり、子ども会活動にその技術を活かしたいと思ったりする人たちがいました。また、技術習得よりも学習空間に居ることを楽しみたいという思いの人もいました。

そうした動機の異なるタイプが混在すると、指導方法や講習運営に関して、担当者に不満を申し出る人も出てきます。受講アンケート[※]結果には、そうした不満が如実に表れることが少なくありません。「満足群」と「不満群」に二極化するような結果になります。

そこで、担当者としては、次の点に留意したいところです。

- オリエンテーションで主催者側としてのねらいや運営方針を明確に伝え、これらから外れたクレーム等に対してはぶれない姿勢を保つ。
- 欠席しがちな受講者には、以後の参加をご遠慮いただくことも考える。
- 講師に対しては、あらかじめ様々な受講者が参加していることを伝える。

※**受講アンケート**
研修・講座等の終了時に、受講者の感想などを選択式回答によって記入させるもの。第9章を参照されたい。

## 3 研修・講座（学習事業）の形態

■「講座」は、座学中心で、講師と学習者との関係で成り立つ。
■「学級」は、学習者の交流もねらいにしているので、学習者間の交流が生まれやすい。
■「教室」は、実技を身につけるための積み重ね学習を目的とする。
■「講習会・研修会」は、資格や修了などの形式を与えるための学習事業に適している。
■「大会・祭」は、多くの未参加者にも学習のきっかけを与えることができる。

研修・講座などの学習事業はいくつかの形態に分類できます。講座、学級、教室、実習、見学会、講習会・研修会、大会・祭・イベントなどのタイプがあり、それぞれ以下の特徴をもっています。

## 1 講座—知識を身につけ、理解を深めるために

「講座」は、知識を習得し、テーマについての理解を深めるために、講義など座学中心に進められる研修・講座の形態です。「歴史講座」や「文学講座」などの例があります。

「講義」とは、講師と学習者の関係性を軸にした学習形態のことで、通常は、講師による講話によって教育・学習活動が展開されていきます。**特定のテーマについて、しっかりと知識を身につけるのに適しているタイプ**です。大学の大規模な講義風景のイメージに近いでしょう。したがって、学習者同士の関係が築かれにくく、講座終了後にも学習者がお互いの顔と名前がわからないままであることも珍しくありません。

**メリット**
①講義内容を体系的ないしは確実に習得するのに適している。
②学習者は他の学習者に煩わされずに、学習に集中できる。

**デメリット**
①学習者間の交流が生まれにくい。
②居眠りをするなど学習に集中できない人が現れやすい。

## 2〕学級―コミュニケーションを図り、学習を広げる

「青年学級※」や「家庭教育学級※」のように「学級」の名をもつ事業で、学校の学級のような雰囲気づくりを図りながら学習活動が展開されます。そのねらいは、**学習内容の習得だけでなく、人間関係づくりにも置かれます。**

したがって、プログラムは、話し合い学習を中心に組まれていることが多く、場合によっては講話や実習なども含むことが少なくありません。参加者は話し合いの過程で、他の参加者と交流できるので、どのような参加者がいたのかを把握しやすい環境に置かれます。

「高齢者学級」も、孤立しがちな高齢者の交流を図ることが大きなねらいの1つとされています。また、かつては、「婦人学級」と称されていた「女性セミナー」などの「セミナー※」も学級に近い用語になります。

「学級」のメリットとデメリットは講義と正反対の側面をもっています。

**メリット**
①学習者間の交流が生まれやすく、和気藹々の雰囲気がつくられる。
②講師との交流も生まれやすく、気軽に質問ができる。

**デメリット**
①人間関係が苦手な学習者には向いていない。
②短期間で確実な知識・技術を身につけるのに適していない。

---

**※青年学級**
戦後、中学校教育を補完するとともに高校教育に準ずる教育の機会を休日等に提供する社会教育事業。国庫補助支出の根拠法である青年学級振興法（昭和28年制定）に基づいて、年間を通じて開設されるのが通例。しかし、高校進学率が90％を超えたのを理由に、平成11年に青年学級振興法は廃された。

**※家庭教育学級**
わが子を正しく理解するとともに、家庭教育に関する情報交換や子育ての悩みを話し合う学習事業。昭和39年度から国庫補助事業として実施。学校で開設される場合が多いが、公民館等でも開設される。

## 3〕教室—実技習得のために

「スポーツ教室」「工作教室」「料理教室」などからわかるように、**主として実技習得を目的とした学習事業を意味します。**したがって、「文学教室」や「歴史教室」という言い方は普通見られません。

「子ども教室」のような場合にも、工作や手芸、科学実験など実技的要素を中心にプログラムがつくられています。「歴史教室」等の場合だと、史跡探訪や土器づくりなど実技を組み込むこともあります。

ところが、「講座」と「教室」をまったく区別せずに、「料理講座」などの名称を付けている例が見られます。この例だと、何か栄養や文化などの知識も学ぶような印象を与えてしまうかもしれません。

もっとわかりやすい例として、「スポーツ教室」と「スポーツ講座」との違いを考えてみましょう。

「スポーツ教室」だとテニスやウォーキングなどの実技を習得させる学習事業のように思えますが、「スポーツ講座」だと健康問題も学ぶ学習事業のように理解されてしまいます。実技中心ならば、「スポーツ教室」とすべきなのです。

**※セミナー（英、独：Seminar）**
大学では、ゼミナール、または略してゼミと呼ぶ。講義よりも専門性の高い内容や特定のテーマについて少人数で学ぶ授業形態。

**メリット**
①技術を身につけるのに適している。
②積み重ねが必要な学習に適している。

**デメリット**
①途中欠席した学習者は学習を継続させにくい。
②次第に高度なレベルになるので、脱落者が出やすい。

## 4 講習会・研修会―資格等の取得のために

特定の資格などを与えるための学習事業に用いられることが多いタイプです。かつては、16ミリ発声映写機操作講習会が全国の教育委員会で実施されていましたが、これは視聴覚センターなどが所有する16ミリフィルムや映写機を借り出す資格を得るための事業です。

そのほか、筆者はレクリエーションリーダー講習会、**キャンプリーダー講習会**※などを担当したことがありますが、面白かったのはラジオ体操指導者講習会です。ラジオ体操の指導に資格が必要なのかと疑問を抱く人がいると思いますが、この講習会では左右反対の動きを習得させます。指導者は参加者に対面しながら動作をリードするので、参加者からは鏡に移ったような動きになるからです。

教育以外の分野でも、赤十字が主催する救急員養成講習会や支援員養成講習会な

※**キャンプリーダー講習会** 日本キャンプ協会認定のインストラクター資格が取得できる講習。

どがあり、修了者には認定証の資格を与えています。医療でも産業医講習会があり、ビール会社が**ビアマイスター**※を授与する講習会を実施していますが、これらは何らかの資格授与のための学習事業になります。

また、資格を直接授与するものではありませんが、資格取得を目的とした講習会もあります。たとえば、衛生管理者準備講習会などが該当します。そのほか検定資格取得をめざす学習事業も講習会と呼ばれています。研修会は講習会と同じような意味で用いられますが、それよりも広い意味になります。

**メリット**
①資格を習得するのに適している。
②啓発にふさわしい。

**デメリット**
①欠席が多い学習者は資格習得が困難になる。
②プログラムが資格取得条件（学習の内容や時間、有資格講師の起用等）に拘束されやすい。

## 5］大会・祭―交流と成果の発表の場をつくる

スポーツ大会や文化祭、公民館祭などは**単発事業**※と呼ばれます。これは、知識・技術の習得や資格の取得が目的でなく、参加者同士の交流や学習成果発表の場とし



※**ビアマイスター**
いわゆる「生ビール注ぎ名人」で、各ビール会社によって呼び名が異なるが、取り扱い飲食店向けに研修し称号を付与。

※**単発事業**
1～2回程度開催されるイベント的事業のこと。

て企画されるものです。

むろん、娯楽的要素の強いものが多く、参加者が活動を楽しむこともねらいの1つになります。したがって、大会・祭では、著名な歌手やタレント、芸人、評論家などを人寄せのために出演依頼したり、模擬店などを設けることもあります。

そうした人寄せ要素は不要だと主張する人もいますが、発表等だけの内容にしてしまうと楽しみが薄らぐだけでなく、関係者などの内輪の会になりがちです。学びや活動の輪を広げるためには、予算的にタレント等を依頼できないときにも、模擬店などの人寄せ要素を盛り込みたいものです。

**メリット**

①学習事業の未参加者など多くの人が参加できる。

②参加者がイベントとして楽しむことができる。

**デメリット**

①予算規模が大きく、準備等の手間が非常にかかる。

②娯楽的要素が強くなりすぎると、学習的要素が軽視されやすくなる。

さて、以上のような研修・講座と学習者タイプの特性を踏まえた上で、今度は、学習プログラムについて解説しておきます。

# 2

## 研修・講座のつくりかた

# 学習プログラムの タイプと 特徴

本章では、学習プログラムの流れをタイプ別に取り上げます。学習プログラムのタイプは、第 1 章で取り上げた講座、学級、教室、講習会・研修会などの学習事業形態をどう展開していくのかを考えるために必要な視点になります。講座や学級などの各回の学習コマを配置すればよいかを、タイプごとのメリットとデメリットを示しながら解説していきます。

研修・講座等の学習プログラムは、いくつかのタイプに分類できます。学習が**累積的**※に進むもの、あるいは各回がある程度独立して実施されるもの、そして学校のように長期間にわたって展開されているものなどがあります。

ちなみに、生涯学習関係者で学習プログラムを**カリキュラム**※と呼ぶ人がいますが、正確な表現ではありません。

学校のカリキュラムは、各教科や特別活動などすべての活動を含めた総合的な年間の教育計画のことを意味します。生涯学習大学など長期間の総合的な学習プログラムであれば、カリキュラムでよいと思いますが、短期間の研修・講座の場合には学習プログラムと呼んだほうがよいでしょう。

従来、社会教育や生涯学習の学級・講座では、プログラムが以下に述べるようなタイプを明確に意識して編成されてこなかったと思います。そこで、ここでは学習プログラムを直線型、放射状、分岐型、総合型と名付けて、それぞれの特徴と長所・短所について述べてみたいと思います。

ほとんどの学習プログラムは、以下のいずれかのタイプに属しています。これらのタイプ分けとその名称は筆者によるものです。

---

**※累積的（学習）**
基礎・基本から応用・高度なレベルに至るまで、積み重ねながら学ぶタイプの学習。つまり、基礎・基本を欠くと、その後の学習に支障が生じる。数学や英語などはそうした学習が中心になる。

**※カリキュラム（curriculum）**
ラテン語の「競争路」を意味し、教育課程と訳される。学習指導要領解説によれば、教育課程は、「各教科、道徳、外国語活動、総合的な学習の時間及び特別活動についてそれらの目標やねらいを実現するよう教育の内容を学年に応じ、授業時数との関連において総合的に組織した各学

# 1 直線型プログラム

■複数の学習コマが一定のルールに従って一方向に配列されるタイプ。
■技術習得や系統的な学習に適している。
■途中で欠席すると学習について行くのが困難になりやすい。

## 1 プログラムの特徴

直線型プログラムとは、ねらいに向けて、一定の順序性に従って複数回の学習が一直線に組み立てられるタイプのことです（**図1**）。初回から学習し始めて、最終回でねらいの達成が期待されます。

実技習得や特定テーマを体系的に学ぶ場合に適するプログラムです。学校のカリキュラムでは、多くの教科指導計画を直線型のように編成しています。

その順序性には、次のようなものがあります。

校の教育計画」だと定義される。

図1　直線型プログラム

①「**難易順**」

平易な内容から難しい内容へと展開していきます。

●例「初めての英会話」●　①**英語で挨拶**→②**英語で自己紹介**→③**英語で買い物**→④**海外で道に迷ったとき**→⑤**日本語禁止デー**

②「**累積順**」

基礎・基本から学びを積み重ねて応用へとつなぎます。

●例「料理入門」●　①**包丁の使い方**→②**出汁の取り方**→③**焼き物**→④**煮物**→⑤**盛りつけ方**→⑥**誰もが喜ぶ和食づくりに挑戦（試食会）**

③「**作業手順**」

最初の段階から最後の段階まで作業工程順に沿って並べていきます。

●例「親子で小鳥の巣箱づくりに挑戦」●　①**小鳥が好む巣箱を知る（アナの大きさ・形）**→②**設計図をつくる**→③**板を切る**→④**屋根と壁を組み立てる（釘の打ち方）**→⑤**サンドペーパーで仕上げる**→⑥**完成した巣箱のかけ方**

④「**時代順**」

時代的に古い内容から新しい内容へと展開していきます。新しい内容から古い内容までという逆順もあります。

例「日本史の基礎」 ①古代→②中世→③近世→④近代→⑤現代

⑤「季節順」

春夏秋冬など季節の順に並べていきます。1月から12月までの場合もあります。

例「暮らしの歳時記」 ①春の行事→②夏の行事→③秋の行事→④冬の行事→⑤正月行事

基本的には、最終回を「まとめ」にします。「初めての英会話」の「日本語禁止デー」、「料理入門」の「誰もが喜ぶ和食づくりに挑戦（試食会）」、「親子で小鳥の巣箱づくりに挑戦」の「完成した巣箱のかけ方」などは「まとめ」に位置づけられているわけです。

## 2 直線型プログラムのメリットとデメリット

このように、一定の順序性に従って学習コマを編成していくことが大切です。この順序性を無視すると、学習者は混乱します。

たとえば、「時代順」の場合、歴史を扱うなら、右記のように時代順に従わずに、古代―近世―近代―中世―現代というような順にしてしまうと、なぜ中世が近代の後なのかと疑問視され、系統的な学びにならなくなります。

このタイプは、特定の学習内容を系統的、累積的に学ぶのに適しています。講義で理解を深めたり、技術を身につけたりするのにふさわしいプログラムの編成になります。

ただし、直線型にはデメリットがあります。途中で欠席すると、学習が継続しにくくなることです。

先にあげた例の「料理入門」のうち、「出汁の取り方」のコマを欠席した人は、出汁の取り方がわからないまま「焼き物」に進んでしまいます。「巣箱づくり」で「板を切る」を欠席すると、「屋根と壁を組み立てる」のコマで、板を切ることと組み立てることを同時に行わなければならなくなり、他の学習者よりも作業が大変になってしまいます。そのため、学習を途中で辞めてしまう人も現れます。

そこで、**講師補佐**※などを付けて、欠席者対応を図ることが必要になります。補佐がいなければ、担当者がそれに代わることも考えられます。

---

※**講師補佐**
講師補佐は、講師の指導を手伝うアシスタントタイプ（機器の操作や学習者に対する具体的指示など）、学習者グループに入って学習を円滑に進めるファシリテータータイプ、研修・講座の運営を担うタイプ（出欠チェックや備品管理など）のようなマネージャータイプに分けられる。

**メリット**

①基礎から応用まで累積的に学ぶことができる。技術習得を目的とする学習にも適している。

②単一の講師・指導者に依頼できるので、講師依頼が行いやすい。

**デメリット**

①欠席者が学習を継続しにくい。

②プログラム編成が講師任せになりやすい。

●適した研修・講座形態● 講座、学級、教室、講習会・研修会

## 2 放射状プログラム

■テーマに則した学習コマがそれぞれ独立して配列されるタイプ。
■広く学ぶ場合に適しているが、深い学びや技術習得には向いていない。
■欠席者も学習の継続が容易である。
■講師依頼が煩雑になる。

### 1 放射状プログラムの特徴

放射状プログラムは、テーマ（ねらい）に向けて、様々な視点や分野の学習コマが組まれているタイプです。一般に、いわゆるオムニバス形式※をとります。

これは、直線型とは異なり、各回の学習コマが独立しているので、途中欠席しても学習に大きな支障がないという特徴をもっています。その意味で、出席・参加が義務づけられていない研修・講座には適しています。

一例をあげると、「国際情勢を知る」というテーマで**図2**にあてはめてみると、

※**オムニバス（omnibus）形式**
乗合馬車を意味し、学習事業では、大きな共通テーマに沿って、複数の講師が具体的テーマごとに交替で担当する形式を言う。大学の正式な授業でも採り入れられている。

第1回「中国・韓国」、第2回「アメリカ」、第3回「ヨーロッパ」、第4回「ロシア」、第5回「これからの日本のゆくえ」などの学習コマが入るとします。

実際の学習プログラムは放射状ではなく、直前型と同様に、各回のプログラムは表に一覧で記されます。

この例の場合、第2回目を欠席した学習者は単に「アメリカ」情勢を学ぶ機会を逸しただけであって、以後の学習に大きな支障はありません。

図2　放射状プログラム

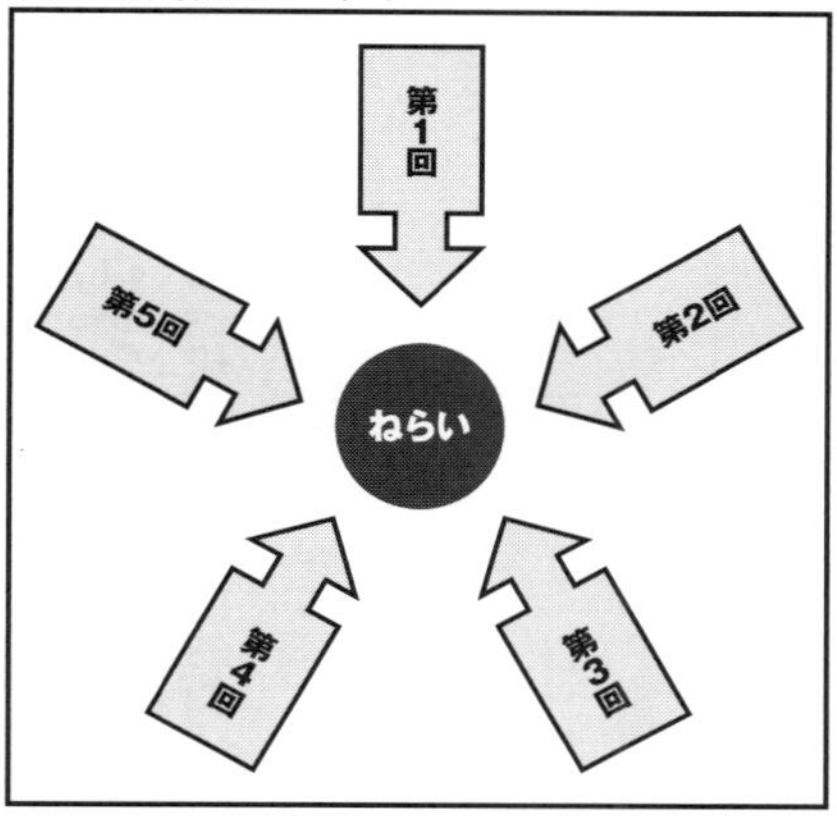


通常、このタイプのプログラムでは、各回異なる講師がオムニバス形式で担当するでしょうから、第3回目で「ヨーロッパ」を担当した講師は、第2回「アメリカ」の学習の様子を知りませんので、自らのペースで講義するでしょう。

事業によっては、申込み時点から参加希望のコマを選択させることもあります。その意味で、強制的な受講を求める学校教育とは異なり、いわば社会教育固有の学習プログラムだと言えます。

## 2 放射状プログラムのメリットとデメリット

このタイプは直線型とは対照的なメリットとデメリットをもっています。前述したように、欠席者もその後の学習には大きな支障もなく継続できる点や自由な時間を確保しにくい勤労者が参加しやすい点などは直線型のデメリットを補う特徴だと言えます。したがって、出席者が安定しない**生涯学習**※の学習事業などでは多く用いられています。

また、直線型が特定のことを累積的に深く学ぶのに適しているのに対して、放射状は幅広く学べるところにメリットがあります。

一方、デメリットとしては、直線型のメリットである累積的な学習には不向きで、それゆえに資格取得を目的としたプログラムでは通常用いられません。さらに、オムニバス形式を採ることが多いので、担当者は回ごとに講師と日程調整を図りながら依頼することになるので、なかなか大変な仕事になります。

※**生涯学習**
生涯学習は自発性を原則とするので、受講者が毎回受講するとは限らない。

**メリット**

①学習を継続しにくい勤労者等に適している。
②テーマに関して幅広く学ぶことができる。

**デメリット**

①基礎から応用まで学ぶ累積的な学習には向かない。
②資格取得を目的とした事業では原則として用いられない。
③講師の選定と配置に手間取る。

●適した研修・講座形態● 講座、教室

# 3 分岐型プログラム

■合同学習とコース別学習を組み合わせるタイプ。
■コース別学習では学習者が自らの関心に則した学習を少人数で行うことができる。
■職員配置や予算の負担が大きいというデメリットがある。

## 1 分岐型プログラムの特徴

分岐型プログラムは、**図3**のように、直線型プログラムの途中を複数のコースに分けるタイプです。初回は全員が同じ学習（合同学習※）を行い、途中から選択したコースで小グループ学習を進め、その後、再び全体で学習するような形になります。学習者が自らの関心に則した学習を行うことができます。

たとえば、「地域学」をテーマにした場合、「郷土史コース」と「地場産業コース」という二つのコースを設定し、両コースの学習者は初回（数回でもよい）に共

※**合同学習**
合同学習では、コースごとの活動発表などが盛り込まれることが多い。

図3　分岐型プログラム

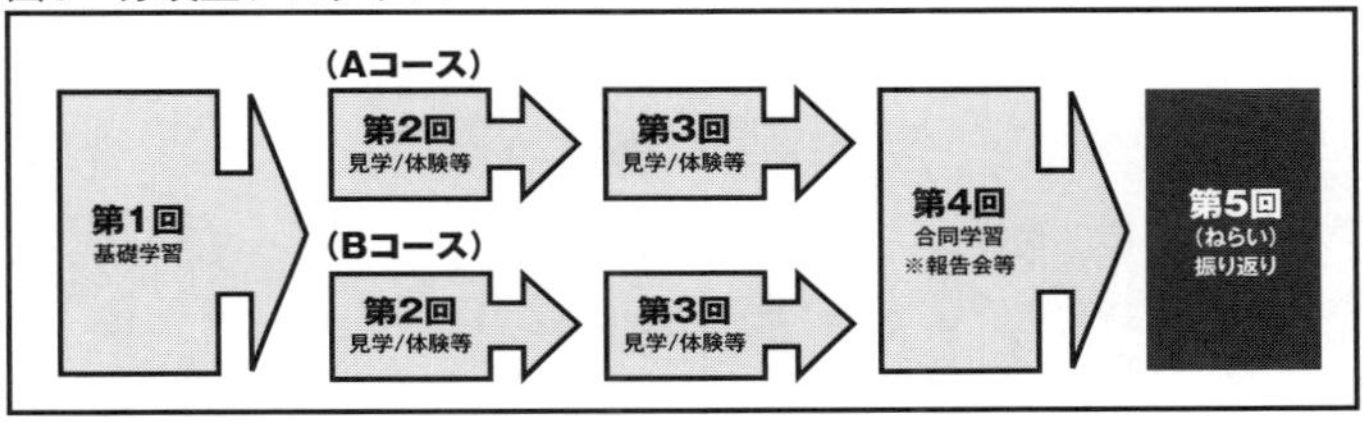


通の学習を行い、その後、「郷土史コース」では史跡巡り、博物館見学などを行い、「地場産業コース」では工場見学、ものづくり体験などを行います。コース学習終了後には、再び同じ会場に集い、それぞれのコース学習結果を発表し合います（合同学習）。

## 2 分岐型プログラムのメリットとデメリット

分岐型プログラムは、**学習者の関心に則して学習展開できる**というメリットがあります。言い方をかえれば、あまり関心のない事項を学ばなくてもよいことになります。

一例をあげれば、「男の料理教室」で、「蕎麦打ちコース」と「おつまみコース」を用意しておけば、「蕎麦打ち」だけに関心をもっている学習者はこれに専念でき、「おつまみ」の学習にかかわらずにすみます。会社員など仕事の時間が制約されている人や多忙な人に適したタイプになります。

また、プログラムの分割は同時に学習者の分割につながりますから、少人数による学習が可能になることもメリットだと言えます。定員30人で2コース設定すれば、各コースでは15人程度の規模で学習できることになります。さらに、コース別学習後の合同学習では、他のコースの学習内容をある程度学べます。

一方、デメリットとしては、コースごとにプログラムを編成するので、その編成の手間と会場確保、職員配置も各コースに必要になります。指導者を配せば、講師謝礼もコースの数だけ組まなければなりません。全体的に、予算的・事務的負担が大きくなってしまいます。

**メリット**

①学習者が自らの関心に則した学習ができる。
②少人数による学習が行いやすい。
③コース学習後の合同学習会によって、他コースの学習内容を知ることができ、学習に広がりが生まれる。

**デメリット**

①担当職員がコースごとに必要になる。
②講師等もコースごとに依頼しなければならず、予算的負担が大きくなる。

**●適した研修・講座形態●** 教室、講習会・研修会

# 4 総合型プログラム

- 数か月から1年程度の中長期間にわたる学習プログラム。
- 学習を広げ、深めて、さらに学習者間の絆が生まれやすいが、他のプログラムに比べて学習者がドロップアウトしやすい。
- 費用と事務負担が大きいが、高齢者対策として有効なタイプ。

## 1 総合プログラムの特徴

これは、生涯学習大学※や高齢者学級、青年学級などに見られるタイプで、数か月から1年程度の中長期間にわたって多様な学習内容を編成していきます。この場合はカリキュラムと呼んでもよいでしょう。

**表**の例は、ある公民館で開催された高齢者学級のプログラムです（一部加工してあります）。開級式から閉級式まで10回の学習コマが6か月にわたって編成されています。学習方法は多様で、講演・講義、映画鑑賞、野外研修、施設見学などが組



※**生涯学習大学**
もともと文部省（当時）がモデル事業とした長寿学園がもとになって各地で実施されるようになった、高齢者対象の中長期間の学習事業。高齢者が健康で心豊かに充実した生きがいのある生活ができるよう、魅力ある学習機会の提供と学習の成果を生かす社会参加の機会を推進することを目的としてるが、現在は高齢者に限らずカリキュラム型の学習事業を提供するタイプを意味するようになった。

## 表　総合型プログラム

全体学習会（⑧、⑨を除いて、会場はA公民館）

| | 日時 | 内容 | 講師（敬称略） |
|---|---|---|---|
| ① | 7月2日（月）<br>13:30～15:10 | ○開級式　○記念講演「認知症を学び、地域で支えよう」 | 国立大学大学院<br>教授 |
| ② | 7月18日（水）<br>9:30～11:30 | 「はじめていますか？介護予防」 | 介護高齢課介護予防係 |
| ③ | 7月27日（金）<br>9:30～11:30 | 「上州の風土と人間<br>―国定忠治と外伝―」 | 郷土史研究家 |

分散学習会

| | | A　公民館 | B　公民館 | C　公民館 | D　公民館 |
|---|---|---|---|---|---|
| ④ | 日時 | 8月6日（月）<br>9:30～11:30 | 8月27日（月）<br>9:30～11:30 | 8月20日（月）<br>9:30～11:30 | 9月3日（月）<br>9:30～11:30 |
| 内容 | | レクダンスで楽しく健康づくり | | | |
| 講師 | | レクダンス指導者 | | | |
| 全体学習会 | | | | | |
| ⑤ | | 8月29日（水）<br>9:30～11:20 | 名作映画会<br>「学び座―ソーランの歌が聞こえる―」 | | |

分散学習会

| | | A　公民館 | B公民館 | C公民館 | D公民館 |
|---|---|---|---|---|---|
| ⑥ | 日時 | 10月16日（火）<br>13:30～15:00 | 9月26日（水）<br>13:30～15:00 | 9月12日（水）<br>13:30～15:00 | 10月9日（火）<br>13:30～15:00 |
| 内容 | | 健康講座「健康長寿のための食生活～あなたの食生活は～」 | | | |
| 講師 | | 病院管理栄養士 | | | |
| ⑦ | 日時 | 9月13日（木）<br>13:30～15:30 | 9月20日（木）<br>9:30～11:30 | | 9月10日（月）<br>9:30～11:30 |
| 内容 | | 老後の安心設計<br>～任意後見制度 | 災害時高齢者生活支援講習 | | 相続登記と遺言 |
| 講師 | | 地方法務局 | 群馬県支部 | | 地方法務局 |

全体学習会

| | 日時 | 内容 | 講師（敬称略） |
|---|---|---|---|
| ⑧ | 10月29日（月） | 野外研修 | |
| ⑨ | 11月27日（火）<br>9:00～11:30 | 平和を願い、後世へ伝える～資料館～ | 平和資料館総務部 |
| ⑩ | 12月6日（木）<br>13:30～15:10 | ○閉級式　○記念公演「こころに光る☆懐かしのメロディを」 | 県レクリエーション協会<br>副会長 |

まれ、学習方法も様々で、認知症や介護、健康などの身近な問題、郷土史などの教養、レクリエーションなど身体運動、平和問題などを含んでいます。

なお、この例には、4回目と6~7回目には「分散学習会」という分岐型プログラムが組み込まれています。

## 2 総合型プログラムのメリットとデメリット

このタイプのメリットとしては、長期間にわたって多様な学習、あるいは深い学習が可能になり、この間、学習者相互の交流が生まれやすいことがあります。これらは第1章で述べた「学級」の特徴に通じます。

また、前述の高齢者学級※の例のように、直線型の途中に分岐型プログラムを組み込むなど多様な学習形態を併用することが可能です。その反面、長期間であるために、途中の脱落者が現れやすく、また時間に制約のある人が参加しにくいというデメリットがあります。

以前、ある市の生涯学習大学では、高齢者対象に2年間という長期にわたるプログラムが組まれていたため、修了できない学習者が目立ったことが問題視されたことがあります。学習負担に耐えられない高齢者が少なくなかったようです。長くても1年以内が望ましいでしょう。

※**高齢者学級**
平均寿命の伸長や核家族化などを背景に、高齢者の社会適応を図るための学習機会として、市町村教育委員会などで実施される社会教育事業。昭和40年度から文部省（当時）が開設委嘱を始めた。

参加費が発生する場合には、金銭的負担が大きくなり、予算規模も大きいこともデメリットになります。

そうしたデメリットがあるものの、他のプログラムと比べて、高齢者対策[※]としては最も有効だと考えられます。

**メリット**
①継続的な学習によって、広く深く学べる。
②学習者間の絆がつくられやすい。

**デメリット**
①予算規模が大きく、学習者の金銭的負担も大きくなる。
②長期間なので途中でドロップアウトする者が現れやすい。

**●適した研修・講座形態●　学級（○○大学なども含む）**

さて、第1章で述べた学習事業の形態、すなわち講座、学級、教室、講習会・研修会などをどのような流れで展開するかによって、本章で述べた学習プログラムのタイプのいずれかが用いられることになります。この理解のもとで、実際に研修・講座を企画し、プログラムを編成していく段階に進むことになります。

**※高齢者対策**
何かを学んだり、身につけたりすることはもちろん、学習事業に参加していること自体にも、老化防止を期待できるなど大きな意味がある。

# 3 研修・講座のつくりかた

# 研修・講座の企画の立てかた

本章では、研修・講座の学習課題の決めかたについて述べていきます。また、参加費が必要な場合、その費用の算出方法にも触れながら、研修・講座の企画の立てかたのヒントを述べたいと思います。

企画立案は魅力と意味のある研修・講座をつくるための第一歩になります。

# 1 学習対象者と学習課題の設定

■学習対象者に応じて学習課題を決める。学習課題には、①学習者が望む要求課題、②主催者が学習者に必要だと考える必要課題がある。
■必要課題は、「うめる」「ただす」「のばす」という3つの視点からとらえるとよい。
■必要課題は参加希望者が少ない傾向にあることから、要求課題と融合させることも考える。

## 1 学習対象者を決める

学習対象者は、予算的な縛りから、あらかじめ決まっているのが普通です。研修・講座の対象は、職員研修では初任者・新人、中堅、管理職などの職能成長段階によるものと、ITや**コンプライアンス**※、人権などの課題別のものに分けられます。社会教育の対象者には、少年から高齢者、女性にわたったおおよそ**表**のように

※**コンプライアンス (compliance)**
法遵守と訳される。法令や企業倫理・規則に従うことを意味する。職員の不祥事や犯罪が深刻化する中で、コンプライアンス意識を高めるための研修が行政や企業等で広く実施されるようになっている。

区分されます。

**［表］社会教育における学習対象者区分**

少年＝小・中学生
青年＝高校生から30歳未満（既婚者を除く）
成人＝18歳以上、または20歳以上（学生を除く）
高齢者＝65歳または60歳以上
女性＝18歳以上、または20歳以上の女性

こうした学習対象者に応じて学習課題・内容や開催時間などを決めていきます。青少年対象なら体験的な学習を主眼にした学習課題が適切で、当然、休日や長期の学校休業中に実施することになります。高齢者対象なら平日の午前か午後に設定するのが普通です。

## 2 要求課題と必要課題

### ①要求課題とは何か

昭和50年代ごろには、英会話教室を実施すれば、定員をはるかに上回る参加希望者が殺到しました。また、平成に入ったころには、パソコン教室に多くの申込者が見られました。現在でも、「テニス教室」には多くの参加者がいます。このような

学習者のニーズに応じた学習課題は「要求課題」と呼ばれます。

しかし、学習事業の主催者としては、学習者に対する行動変容を期待することがあります。第1章で述べた事業目的に則して言えば、「学習者・職員等の意識改革」「人間関係の改善」などは必ずしも要求課題になるとは限りません。むしろ学習者が求めていない課題なのかもしれません。

**②必要課題とは何か**

主催者が学習者に求める課題は「必要課題」と呼ばれます。人権や環境などの**現代的課題**※、自動車免許や教員免許状の更新時の講習内容、教員や企業社員に対する研修内容などは必要課題に基づきます。

この必要課題を取り上げると、学習者の要求に対応しているとは限らないために、学習参加者がなかなか集まらないことがあります。免許更新や職員・社員研修などは強制力をもっていますから、参加者は確保できますが、自由参加だと定員を下回ることが珍しくありません。しかし、自由参加であっても、教育委員会などの主催者が必要だと判断した学習事業は実施されなければなりません。

**③要求課題と必要課題の関係は**

また、要求課題と必要課題はあくまでも相対的に位置づけられるものです。たと

---

**※現代的課題**

平成4年8月の生涯学習審議会「今後の社会の動向に対応した生涯学習の振興方策について（答申）」は、現代的課題を「社会の急激な変化に対応し、人間性豊かな生活を営むために、人々が学習する必要のある課題」と定義し、以下のような課題を例示している。「生命、健康、人権、豊かな人間性、家庭・家族、消費者問題、地域の連帯、まちづくり、交通問題、高齢化社会、男女共同参画型社会、科学技術、情報の活用、知的所有権、国際理解、国際貢献・開発援助、人口・食糧、環境、資源・エネルギー等」

えば、男女共同参画社会の実現を目的に、男子も厨房に入ることを促す「男の料理教室」を必要課題の具体化として実施したとしても、料理が好きで学びたい男性にとっては要求課題になります。

かつて「IT講習会」※は必要課題として全国的に実施されましたが、パソコンを学びたい人には要求課題として認識されたでしょう。大学生に生涯学習の場で何を学びたいかと問うと、介護や福祉問題と回答する者が意外に多くいます。その意味で、介護等は要求課題だと言えますが、行政の観点からは必要課題に属するでしょう。

そこで、主催者として学習者に学んでほしいと考える課題は、たとえ一部の人にとっては要求課題だと認識されたとしても、必要課題だととらえてよいでしょう。

## 3 必要課題のとらえかた

要求課題は、学習ニーズ調査や他の研修・講座事例から、ある程度把握することができます。いわゆる人気講座等は要求課題を取り上げています。

そこで、問題になるのは必要課題のとらえかたです。むろん自治体の基本計画や企業の経営方針を具現化するための課題が必要課題になるでしょうが、そうした課題をすべて取り上げることは不可能です。したがって、以下のような視点から必要

※**IT講習会**
総務省と文部省（当時）が学校や公民館などの施設を利用して、パソコンの基本操作や文書作成などの基本的技術の取得を目的として、平成12年から始めた国家的事業。ITの普及に大きく貢献した。

課題をとらえて、重要だと考えられる課題を優先させて研修・講座で取り上げることになります。

①「うめる」

地域や住民、企業や社員、団体やメンバーなどに不足・欠落している課題を補う（うめる）という視点。たとえば、教育委員会の生涯学習事業に、障害者対象の講座が未開設であれば、これを実施します。企業の社員にＩＴのノウハウが不足していれば、ＩＴ研修によってこれを「うめる」のです。体験不足と言われる青少年を対象に、自然体験や社会体験の機会を提供する研修も同様です。

②「ただす」

時代的変化に適応させ、間違った考え方を改め、意識改革を促す視点。いわゆる現代的課題は「ただす」視点に当てはまります。職員のコンプライアンス意識に問題があればこれをただし、また、性別役割分業意識の強い市民に男女共同参画について理解させるような視点です。教員対象の**社会体験研修**※はまさに「ただす」ことが課題になります。また、時代的変化に応じた知識・技術を学ぶことも、「ただす」という必要課題に当てはまります。

---

※**社会体験研修**
文部科学省の資料では、「社会の構成員としての視野を拡大する等の観点から、現職の教員を民間企業、社会福祉施設等学校以外の施設等へ概ね1か月から1年程度派遣して行う研修」と定義されている。

### ③「のばす」

学習者の知識・技術力を向上させたり、職員の職能を成長させたりする視点。教員の初任者研修や社員の新任研修は「のばす」から実施されます。新人を一人前の人材として成長させることが課題だからです。市民に対する教養の向上を目的とした研修・講座も「のばす」視点に位置づけられます。

以上の3つの視点から、今、どのような課題があるかを検討しながら学習課題を設定していくことになります。

## 4 必要課題と要求課題の融合（図1）

しかしながら、必要課題※を設定しても、参加自由の生涯学習関係の研修・講座の場合には、そうした学習課題が必要な人はなかなか姿を現さないものです。何十年も前から、家庭教育学級にはさほど問題のない保護者は参加するけれど、家庭教育学習が本当に必要な保護者に限って参加してこないと問題視されたものです。このことは、人権学習や環境問題学習などの現代的課題にも共通する問題です。

図１　必要課題と要求課題の関連づけ（融合）

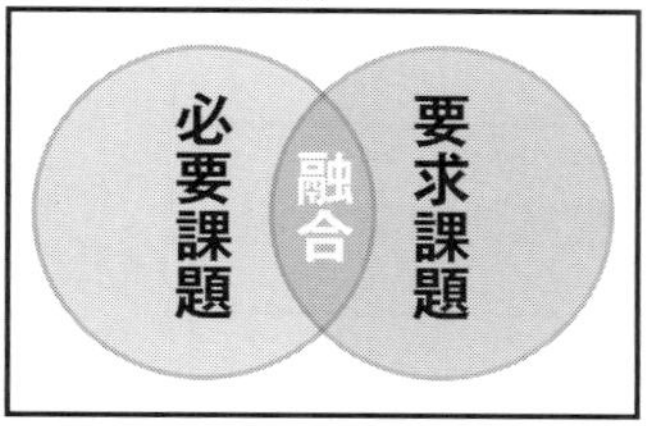




※**必要課題**
規範的ニーズとも呼ばれる。これに対して、要求課題は、欲求的ニーズとされる。

図2　学習ニーズと学習意欲の関係から見た学習者のタイプ

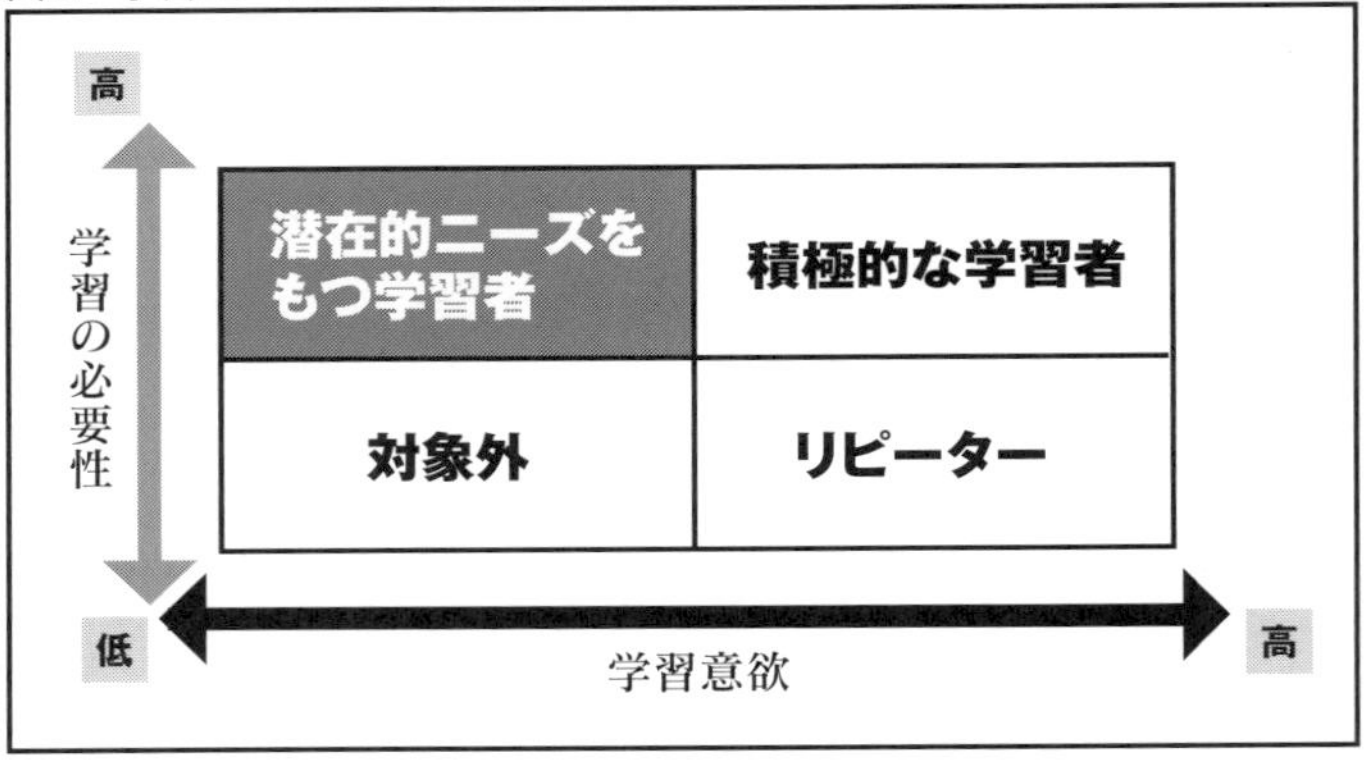


そうした学習が本当に必要な人とは、**図2**の中の「潜在的ニーズをもつ学習者」のことです。つまり、学習の必要性が高いにもかかわらず、学習意欲が低いため研修・講座には参加してこないタイプです。**図2**中の「積極的な学習者」は、学習の必要性を自覚し、研修・講座に参加してくるタイプで、「リピーター」は学習の必要性はさほどないけれど学習意欲が高いタイプです。

ここで**検討すべきは、「潜在的ニーズをもつ学習者」をどう学習場面に引き出すか**ということです。

大切なのは、必要課題と要求課題の融合を工夫することです。以前、人権教育を目的とした演劇を鑑賞したことがあります。区役所職員対象の研修の一環として実施されたものですが、任意参加であるにもかかわらず、500人定員のホールに満杯の参加者が集まりました。人権教育は必要課題で、演劇は要求課題のように位置づけられ、両課題の融合に成功したからです。また、最近は、猿回し師としてテレビにも出演する**村崎太郎**※さんが同和教育の講演などに登場するようになり、猿回しの演技を交えた講演には同和問題に強い関心をもっていなかった人たちも参加しているようです。これも両課題の融合事例に当たります。

このように、**必要課題を中心に据えつつも、これに要求課題で覆うことによって、両課題の融合を図ることが「潜在的ニーズをもつ学習者」を学習場面に引き出すことにつながる**のです。

しばしば見られる例ですが、家庭教育学級で、まともに「教育」や「しつけ」を取り上げて、教育関係者の講義と参加者による話し合いを中心にプログラムを組むことがありますが、これでは必要課題しか取り上げていないので「潜在的ニーズをもつ学習者」の参加は望めません。そこで、「子どもが喜ぶ料理の秘訣」や「親子で蕎麦打ち」などのように、教育に関心のない人でも参加したくなるようなプログラムを工夫するのです。そこには、「子どもが喜ぶ」「親子」など家庭教育につながる視点が隠れるように含まれているのです。

**※村崎太郎**
ニホンザルの次郎とのコンビで全国的に知られる猿回し師。実父は、部落解放同盟の闘志であったが、猿回し復活に尽力した人物。

図3　テーマ決定までの流れ

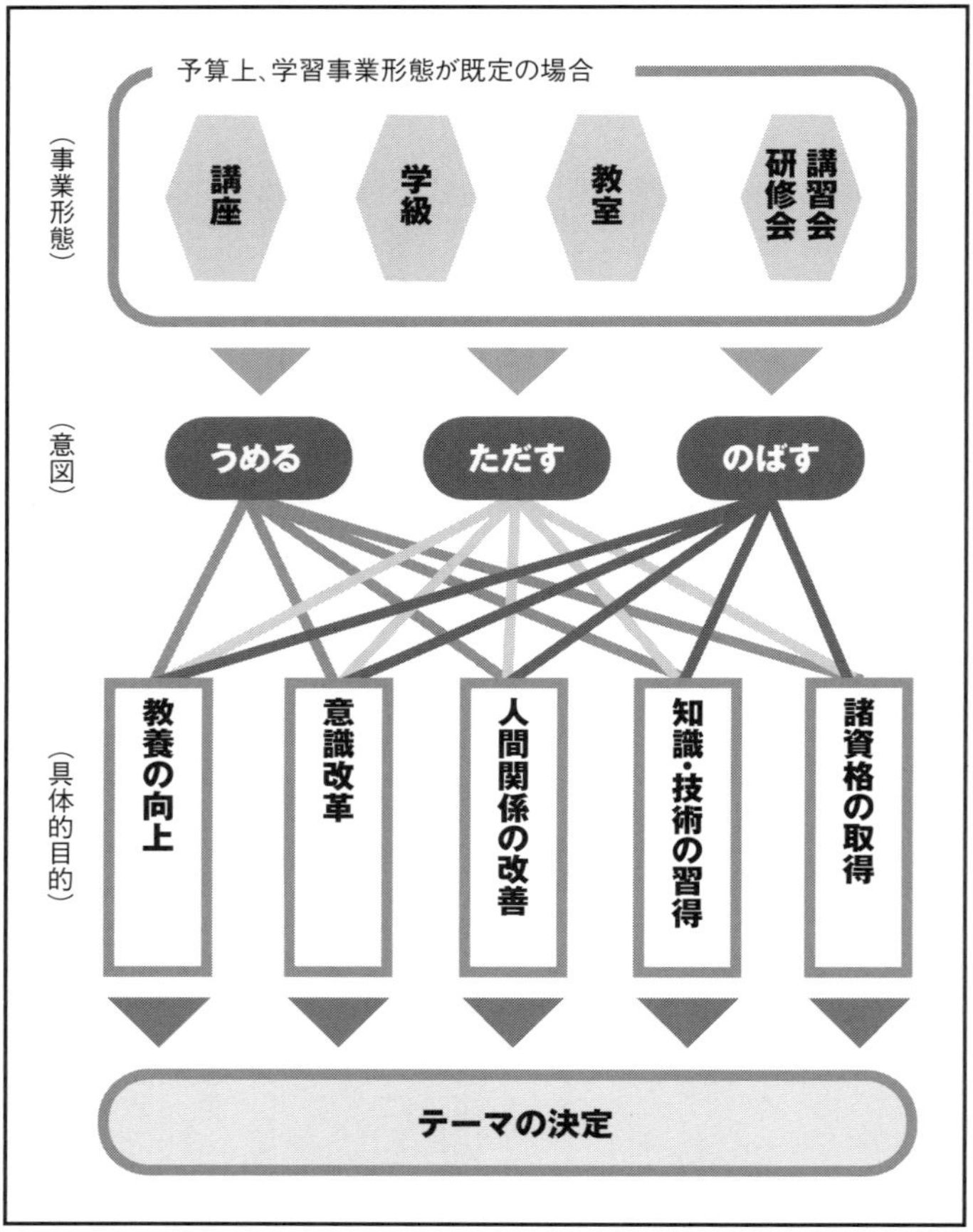

# 2 事業企画のヒント――魅力ある企画をどう立てるか

■研修・講座等の学習事業の魅力には、①実利性、②自己充足性、③啓発性、④娯楽性、⑤好イメージ性がある。
■そうした魅力は、①テーマ、②プログラム内容、③指導者・講師、④参加費などの構成要素によって示される。

職務研修※など義務的な研修・講座には魅力がなくてもよいと言われそうですが、任意参加の学習事業と同じように魅力が必要です。魅力があれば学習意欲が向上して、研修成果が高まるからです。

学習事業の魅力には、実利性、自己充足性、啓発性、娯楽性、好イメージ性という5つの要素があります。これらをすべて取り込む必要はありませんが、少しでも多くの要素をそろえる方が望ましいでしょう。

※**職務研修**
職務の一環として行われる研修のこと。

## 1 魅力の要素

**①実利性（役に立つ）**…学んだ内容が日常生活や仕事に役立つこと。ペン習字、料理、英会話、パソコンなどは実利性の高い学習になります。また、資格の取得につながることも魅力の一つになります。簿記検定や英検への合格を目指し、あるいは救急法の資格を取得できれば大きな魅力になるはずです。

**②自己充足性（手応えがある）**…「できなかったことが、できるようになる」「わからなかったことが、わかるようになる」「自分の行っていることが評価される」などの場合のように、手応えがあること。テニスができるようになる、英会話が交わせるようになるという場合です。

また、実際に役立つかどうかわかりませんが、趣味のワザが上達したら自己充足感を得るでしょう。絵画が上達したり、古典を味わうことができるようになったりする場合です。ボランティア活動なども、相手が喜んでくれたという充足感が得られるので、このような魅力の一つになります。

**③啓発性（発見がある）**…予想外のことを知ることができ、いわば「目から鱗が落ちる」ということ。

**地域学**※講座で身近な地域の歴史や自然を学んだり、高齢者学級で健康な生活に

---

※**地域学**
生涯学習では、特定地域の特性を研究し、その地域のよさを見直そうとする新たな学問分野を指す。山形県生涯学習センターが主導した「山形学」などが有名。

ついて学んだりする魅力です。健康な食生活にはこんな食事のありかたがよいのかと啓発されることです。

**④娯楽性（楽しい）**…学習活動が楽しいこと。また、他の学習者との交流が楽しいということも条件になります。

以前、レクリエーションリーダー講習会に、家族に勧められて嫌々ながら参加してきた中年男性がいました。この講習会には保育士など若い女性が多く参加していました。

講習が回を重ねるにつれて、その中年男性はそうした女性参加者との交流が楽しくなり、最後にはサークルづくりを呼びかけていました。あれ？「忙しいから欠席が多くなる」と言っていたのに皆勤で、しかもサークルづくりまで頑張るとは。これは他の学習者との関係が楽しさを醸成した例だと言えます。

高齢者も高齢者同士で交流するだけでなく、子どもたちと交流しながら学ぶことができれば楽しさは増すでしょう。

反対に、学習者の雰囲気が楽しくなければ、学習活動自体に魅力があっても、途中でドロップアウトする学習者も現れます。

**⑤好イメージ性（かっこよい）**…学習行為がかっこよかったり、学習内容が社会的

価値をもったりするなどイメージがよいこと。かつて、英会話やテニスなどはイメージがよく、また**カルチャーセンター**※もハイセンスなイメージを与えていました。

事業名の表現にも工夫が必要になります。ある教育委員会が主催していた「青少年団体野外活動指導者講習会」という事業がありました。次第に参加者が減少したため、これを「キャンプリーダー講習会」に名称を変更したところ参加者数が回復し、さらに「アウトドア講習会」に改めたら、さらに多くの参加者が集まるようになりました。「アウトドア」という流行語を用いた点が鍵になったようです。

そのほか、「青年教室」を「ヤングセミナー」に変え、「教養講座」を「趣味と実益講座」に名称変更したら、やはり新たな参加者が得られたという例もあります。料理教室も、クッキング教室にした方がスマートでしょう。

学習内容とテーマ設定などを工夫して、イメージをよくすることが大切です。

## 2 魅力の表現

以上の魅力の要素を、学習希望者はどのような面から把握するのでしょうか。

---

※**カルチャーセンター**
昭和40年代終わりごろから隆盛した民間学習事業所のこと。朝日カルチャーセンターや読売文化センターなどのマスコミ系や西武コミュニティ・カレッジや三越文化センターなどの百貨店系のものが目立った。

**①テーマ**

テーマは学習事業の看板ですから、参加者が最初に目にする対象になります。**学習内容が素晴らしくても、テーマ表現が不味いと参加者が集まりにくくなります。**テーマが内容に比して素晴らしすぎても問題ですが…。テーマ設定については次節で述べることにします。

**②資格の取得可能性**

**実利性の一要素になるのが資格取得の可能性**です。資格が直接取得できなくても、資格取得に向けた学習プログラムなら魅力につながります。

私が長年担当したレクリエーションリーダー講習会は、日本レクリエーション協会の指導者資格を、キャンプリーダー講習会は日本キャンプ協会の指導者資格をそれぞれ取得できるようなプログラムでした。簿記教室も意外に人気がありました。

**③プログラム内容**

学習プログラムは各回の小テーマで表現されることが多いわけですが、**学習者はこの小テーマを見て、難易度や学習内容、学習の到達点を判断する**ことになります。その意味で、何をどこまで学習できるプログラムなのかが具体的に把握できるよう表現されていることが大切になります。

### ④指導者・講師

指導者の知名度はもちろん、その専門性も魅力を左右します。マスコミに登場する講師だと、テーマに関係なく多くの人たちの関心を集めることになります。指導者の専門性については、たとえば、絵画教室の場合、指導者が二科展※受賞者なら、より専門的な指導が受けられると思い、魅力を感じる人は多いでしょう。

### ⑤参加費

参加費※も重要な要素になります。英会話教室やテニス教室などは民間で多く実施されていますが、教育委員委員会等が主催するものには定員を超える申込みがあります。参加費が無料ないしは廉価だからです。

参加費が高額でないことも魅力の構成要素になります。

図4　魅力の要素

※**二科展**
1914年に、石井伯亭・梅原龍三郎・有島生馬・坂本繁二郎らによって創設された美術家団体。我が国で権威ある団体とされ、受賞者は高く評価される。

※**参加費**
参加費は、受講料（入場料）＋教材費から成る。

# 3 企画の条件

■企画は、①予算的条件、②資源的条件、③時代的条件、④公序良俗的条件、⑤その他の条件などを確認して立案しなければならない。
■これらは企画の実現を促すと同時に、制約する要素だからである。

魅力ある企画が生まれても、実際には様々な制約を受けるものです。よい企画であっても、実現できなければ画餅に帰します。そこで、あらかじめ企画にかかわる条件を念頭に置く必要があります。

## 1 予算的条件

予算は最も大きな条件になります。たとえ、大勢のニーズに応えられる企画でも、予算が不足していれば実施不能です。たとえば、著名なタレントを講師にする講演会を企画しても、謝金額が相場より低ければ講師の承諾が得られません。私がかかわった**肢体不自由**※の青年対象の青年学級には、介助担当スタッフの謝金が手当

※**肢体不自由**
身体障害のうち、四肢及び体幹に障害のあること。知的障害青年学級は全国の教育委員会である程度開設されていたが、肢体不自由青年学級の例は多くない。介助者の謝金も、その開設を留める一因になっている。

研修・講座の企画の立てかた
1
2
3
4
5
6
7
8
9
10

てできないと実施困難でした。

研修・講座では特に謝金が制約になってきますが、企画実施に要する備品購入費も制約になり得ます。予算に見合う企画でなければなりません。

**2〕資源的条件**

資源には、人的資源と物的資源がありますが、これもプログラムを制約します。人的資源の制約とは、企画に合う講師や指導者が見つからない場合です。たとえば、英語で料理を指導できる講師や**メイクアップアート**※の実技を指導する講師はそうざらにいないでしょう。それら指導者がたとえ見つかっても、日時が合わなければ実施できません。地域によっては、そもそも指導的人材が不足しているところがあります。

また、物的資源については、大きな会場が見つからなかったり、必要な設備が存在しなかったりする場合があるので、この点を考慮しなければなりません。パイプオルガンの学習はなかなか設備が見つからないため、実施困難です。

実際に活用できる資源を確認しながら企画を立てる必要があります。

**3〕時代的条件**

ある企画が時代によって認められたり、認められなかったりします。

**※メイクアップアート**
モデルやタレント等などに施すメイク。個性的なメイクをつくりあげる。

昭和50年代に、こんなことがありました。ある青少年施設がウィンドサーフィンを扱う青年教室※を企画しました。この企画を上司に見せたところ、NGとなりました。サーフィンなど不健全だというのが理由です。

また、別の文化施設は、在日外国人対象に日本語講座を企画しましたが、やはりNGになりました。夜の風俗系の仕事に従事している外国人が受講したら、税金で夜の風俗業を支援しているように思われたからです。

これらの企画は、現在ならNGにならないでしょうが、現在だからNGになる可能性がある企画もあるでしょう（将来はNGにならなくても）。「施錠解除講習」などはどうでしょうか。

## 4」公序良俗的条件

公序良俗の定義は難しいものですが、モラルに反することや違法行為につながりかねないことは実施困難です。たとえば、囲碁はよいのですが、麻雀はどうでしょう。麻雀だと何か賭けごとのような印象が強いため、少なくとも昭和時代の公的な学習場面では実施困難でした。最近では、賭けごとの印象を払拭した「健康麻雀※」という形で教室等が企画・実施されています。

公的な機関が主催するプログラムの場合、絵画教室のヌードクロッキーであれ

---

※**青年教室**
青年学級を短期間にした事業。

※**健康麻雀**
「賭けない、吸わない、飲まない」をモットーとする麻雀。頭と指を使うなど老化防止の観点か、生涯学習の場でも注目されている。

ば、まあよいでしょうが（某区の成人学校では実施）、写真教室でヌード撮影となると事情が違ってきます。将来的にはわかりませんが、現時点ではおそらくＮＧです。

公序良俗に関しては時代的推移によって変わりますが、少なくとも「現在」の視点から吟味することが肝要です。

## 5］その他の条件

宗教や政治なども制約条件になります。

これらは民間組織の学習プログラムなら別ですが、公的機関などが主催するプログラムでは、通常、特定の宗教・宗派や政党・党派を支持または否定するような学習は禁じられます。※むろん、宗教的寛容の精神を培うために宗教教育を扱う場合や、シチズンシップ教育等の一環（政治的教養の向上）として政治教育を扱う場合は問題ありません。これらの点は、公的機関に限らず、企業研修でも留意しなければならないことがあります。

以上の条件を確認し、企画が実現に結びつくような範囲で、企画を立てることになるわけです。

---

※**社会教育法**
**（公民館の運営方針）**
第二十三条　公民館は、次の行為を行つてはならない。
一　もつぱら営利を目的として事業を行い、特定の営利事務に公民館の名称を利用させその他営利事業を援助すること。
二　特定の政党の利害に関する事業を行い、又は公私の選挙に関し、特定の候補者を支持すること。
2　市町村の設置する公民館は、特定の宗教を支持し、又は特定の教派、宗派若しくは教団を支援してはならない。

# 4 テーマの決めかた

■企画を決めたら、これを文字化してテーマを決める。テーマは学習事業の顔（表札）なので、十分吟味して決めなければならない。
■テーマはサブテーマを含めても20字以内に収め、学習内容が理解できるような表現にする。ただ、ねらいをそのまま表現しないよう工夫し、また学習結果が容易に想像できるようなテーマは避けたほうがよい。
■「～になろう」などお仕着せ風のテーマは嫌われることもあるので要注意。

テーマは研修・講座の内容、またはねらいを文字化したもので、その魅力を伝える顔や表札になります。したがって、内容はよいのにテーマがよくないと、参加者は集まりくくなります。それでは、魅力あるテーマを考えるにはどうしたらよいのでしょうか。その前に、テーマを決定するときに留意すべきことについて述べておきます。

## 1 ねらい・目的をそのまま表現しない

ある公民館類似施設※の職員が「仲間づくりのための青年総合講座」というテーマで講座を企画しました。ボウリング、デイキャンプ、話し合い、レクリエーションダンスなどから成るプログラムです。ところが、参加申込者はわずか数名にとどまりました。なぜでしょうか。

テーマに魅力がなく、マイナスイメージを与えてしまったからです。「仲間づくりのため」という文言が、仲間（友達）がいない、寂しい青年の集まりのような印象を与えたのです。

「仲間づくり」は事業の目的なので、テーマとして前面に押し出す必要がなかったのですが、コピーライティングに慣れていなかったために、目的をそのままテーマに表現してしまったわけです。

民間企業では収益を上げることが目的になりますが、「お客様第一」などのような方針を外部に示しているように、目的をそのまま外部に現す必要がないのです。同じように、ある女性センターでは、「あなたを魅力的にするセミナー」を企画しましたが、これも魅力のない女性の集まりのような印象を与えたためか、不振に終わりました。

※**公民館類似施設**
社会教育法で言う公民館に該当しないが、住民の社会教育・生涯学習活動のための集会施設として公民館と同様の機能をもつ施設。

## 2】学習結果が容易に想像できる表現を避ける

また、ある担当者が「テレビと子ども」というテーマの講座を企画しました。ところが、申込み期限前日になってもまったく反応がなかったので、同じ部に属する職員が知人に電話で参加依頼を行い、ようやく8名の参加申込者を獲得して開催にこぎ着けました。

この不振の原因はどこにあるかといえば、結局、テーマを見た人は「テレビの見過ぎは子どもによくない」と言いたいのだろうと想像できてしまい、わざわざ足を運ぶまでもないと考えたところにあると思います。

しばしば、人権啓発講演会などにも参加者が集まりにくい傾向がありますが、これも同様で、「差別せずに、人権を大切にすべきだ」と言いたいのだろうと、趣旨や内容を推測できるからです。

## 3】お仕着せ風の表現を避ける

あるNPO※が企画した学習事業のチラシには、「すてきなパパになろう」というサブタイトルが書かれていました。「賢い親になろう」という家庭教育学級のテーマも見たこともあります。しかし、そうした表現は嫌われやすいでしょう。「なんで、主催者にそんなことを言われなければならないのか」と思われるからです。



**※NPO**
**(Non Profit Organization)**
非営利団体と訳される。特定非営利活動促進法に基づいて、営利を目的とせずに、様々な分野で活動する法人のこと。法人の規模等によって異なるが、知事または指定都市市長の認証が必要になる。なお、国際的レベルで活動する法人は、特にNGO（Non-Governmental Organizations）と呼ばれる傾向にある。

似たような表現として、「余暇を楽しみましょう」などはさほど抵抗感はありません。「しましょう」は単なる誘いにとどまるからです。

しかし、「なろう」という表現は「誘い」とはいえません。まだ「すてきなパパ」や「賢い親」には至っていない未熟な人たちに、「教えてあげよう」という主催者の勝手な思い込みや意図が見え隠れするからです。いわゆる「上から目線」の表現にほかなりません。

かつて政治学者の松下圭一氏は、「なぜ行政に市民が『オシエ・ソダテ』られなければならないのか」という問題を提起したことがあります※。

そうした姿勢が表れると、参加をためらう市民もいるのは確かです。このことはテーマだけの問題ではなく、企画者の姿勢にも深くかかわっていることになりますので、考え直したいところです。

## 4」イメージ中心の表現を避ける

しばしば「いきいき」「はつらつ」「のびのび」「わくわく」などの表現が使われます。これら表現は何となくわかるような気がします。「いきいき」や「はつらつ」は高齢者を意識させ、「のびのび」と「わくわく」は子どもを意識させます。

しかし、これら表現をテーマに盛り込むと、文字数が多い割には、内容が正確に

※松下圭一著『社会教育の終焉』筑摩書房、1986年、3頁

伝えられません。以下は、「わんわん」の意味がわかりませんね。

**「わん・わん　元気アップ大作戦！　まずは、からだを動かそう！」**

次のは講座名ですが、「いきいき」※を挿入しない方がすっきりします。

**「健康長寿いきいき講座」**

⇒「健康」と「いきいき」が意味の重なりのようです。

### 5］短すぎず、長すぎず、内容が理解できるテーマ

テーマは読み手に憶えてもらうことが何より大切です。20文字以上になると、なかなか覚えてもらえなくなります。そうかといって、短すぎるとなにやら理解しにくくなります。内容が理解できるよう、できるだけ短くします。

カルチャーセンターなどの講座テーマは短いものが多く、行政主催のテーマは長すぎる傾向にあります。**朝日カルチャーセンター**※の例をみると、以下のようなものが並んでいます。

「古墳の謎を追う―東国出現期古墳を考える」
「いま聖徳太子を問い直す―『太子伝』新講」
「初めての人のためのくずし字鑑賞1日入門」
「英語で楽しむ・英国の王と女王達―イギリス王室への招待」

※**いきいき**
よく使われる言葉だが、高齢者は、いきいきしていない存在であるかのような印象を与えかねない。

※**朝日カルチャーセンター**
朝日新聞系列で、1973年に開設された。全国規模でハイセンスな講座を開設している学習事業所の代表格である。

短文なのに、よく内容が理解できるテーマになっています。

一方、行政が行う講座等のテーマは、長いにもかかわらず、内容がつかみにくいものが目立ちます。いくつかを例示してみましょう。

**「パワーアップ　自分自身とのよりよいおつき合い」**

⇒これは、心理学関係の内容のようです。しかし、※内容がわかりにくいと思います。

**「カメラの目を人の目に近づけたら？」**

⇒デジカメの撮り方を扱ったものです。人の心理を扱う内容のような感じもします。

**「みんなを笑顔にする味覚アップセミナー」**

⇒「みんなを笑顔にする」が余計で、「味覚※アップ」が意味不明です。

以下のテーマは内容が理解できますが、文字数が少し多いように思います。

**「犯罪の被害に遭わずに安全で安心して暮らせるまちづくり」**

⇒「犯罪被害に遭わないまちづくり」の方がよいでしょう。

**「ユニバーサルデザインで考えるまち、もの、こころ」**

⇒「こ」を2か所用いているので、覚えにくくなっています。「ユニバーサルデザインで考える」のように縮めた方がすっきりします。

**「過去の大災害から学ぶ―※水から守る・自ら守るについて」**

---

※何のパワーなのでしょうか。

※舌を肥えさせるのか、味をよくするのかがわからない。

※「みずから」をかけたのでしょうが、長いので憶えにくいのが残念！「について」は不要。

⇒「過去の大災害に学ぶ」でよいでしょう。「・」の使用もどうでしょうか。

「子どもの勉強：保護者がかかわるときに押さえておきたい4つの基本」

⇒「子どもの勉強—保護者が押さえたい4つの基本」。少し短くしてみました。

以下のテーマは簡潔でわかりやすいものです。

「悪質商法にだまされない！」

「パパとママへの準備はOK～出産と育児について～」

行政職員の方は、テーマの表現に懲りすぎてしまい、文が長くなってしまうようようです。

### 6】訴求点と訴求対象を考える

第6章のチラシづくりの項で取り上げますが、キャッチコピー※やボディコピー※などと同様に、テーマを考える際には、訴求点（アピールポイント）と訴求対象（ターゲット）を意識することが必要です。

訴求点に関しては、学習の重点や内容をうまく表現していきます。前に取り上げた「パワーアップ　自分自身とのよりよいおつき合い」や「カメラの目を人の目に近づけたら？」は訴求点がわかりにくいですね。「いま聖徳太子を問い直す―『太子伝』新講」や「悪質商法にだまされない！」だと、訴求点がすぐにわかります。

※**キャッチコピー**
チラシ等で最初に目にとまるような魅力ある煽り文句。

※**ボディコピー**
主張したい事柄を説明する文または文章のこと。学習プログラムのチラシでは、学習目的や学習内容を説明した文章になる。

こうした表現を工夫したいところです。

訴求対象については、高齢者対象ならできるだけ短めの文に収め、高齢者にも理解できる表現にします。最近使用されるようになった**カタカナ語**※は避けます。子ども向けなら、難しい漢字を避けて、わかりやすい表現にします。一般成人対象だと、あまりにも幼稚な表現だと嫌われることになります。対象を考慮しながらテーマを検討するようにします。

次章では、ここで決めたテーマに基づいて、学習活動を編成する具体的な視点と方法について解説したいと思います。

**Column**

厳密に言えばテーマではないのですが、「公民館」という施設の印象は古くさいという人が少なくありません。そこで、最近では生涯学習センターに衣替えしたり、愛称をつけたりしている例が見られます。足立区のこども科学館は「ギャラクシティ」、墨田区の生涯学習センターは「ユートリア」、北区の産業・文化施設は「北とぴあ」、佐賀県立生涯学習センターは「アバンセ」などの愛称をもちます。

**※カタカナ語**
最近は『カタカナ語辞典』もいくつか刊行されている。『コンサイスカタカナ語辞典』（三省堂）などがある。『超「カタカナ語」』（PHP文庫）は親しみやすい。

# 4

研修・講座のつくりかた

# 学習プログラムの組み立てかた
## —学習内容と方法を決める—

本章では、企画に基づいて決定したテーマを学習活動に具体化し、これを組み立てる方法について述べていきます。個々の学習活動を選択し、これを一定の基準に従って配列します。その場合、学習回数と学習時間を考慮します。そして、講義やワークショップなど様々な学習方法のうちから最適なものを選択してプログラムが完成します。

# 1 プログラミングの視点

■テーマに合う学習プログラムのタイプを選ぶ。
■学習プログラム編成は、学習内容をコマ数分だけ選ぶスコープの視点と、これを一定のルールに従って配列していくシークエンスの視点で行う。
■学習内容についてわからない場合には、まずは講師等を依頼し、講師等に相談しながらスコープとシークエンスの作業を行う。
■学習内容の選択に際しては学習方法も検討する。
■学習方法には、講義や実技などのほかにワークショップ型や公開討議型などがある。プログラムのねらいに沿うよう、適切な学習方法を選ぶ。

**図1**は、50頁の図3の続きです。テーマが決まったら、第2章で述べた学習プログラムのタイプを選びます。

次に、学習内容をコマの回数分に絞り込む作業に進みます。テーマに近い順に優

図1　プログラム完成までの流れ

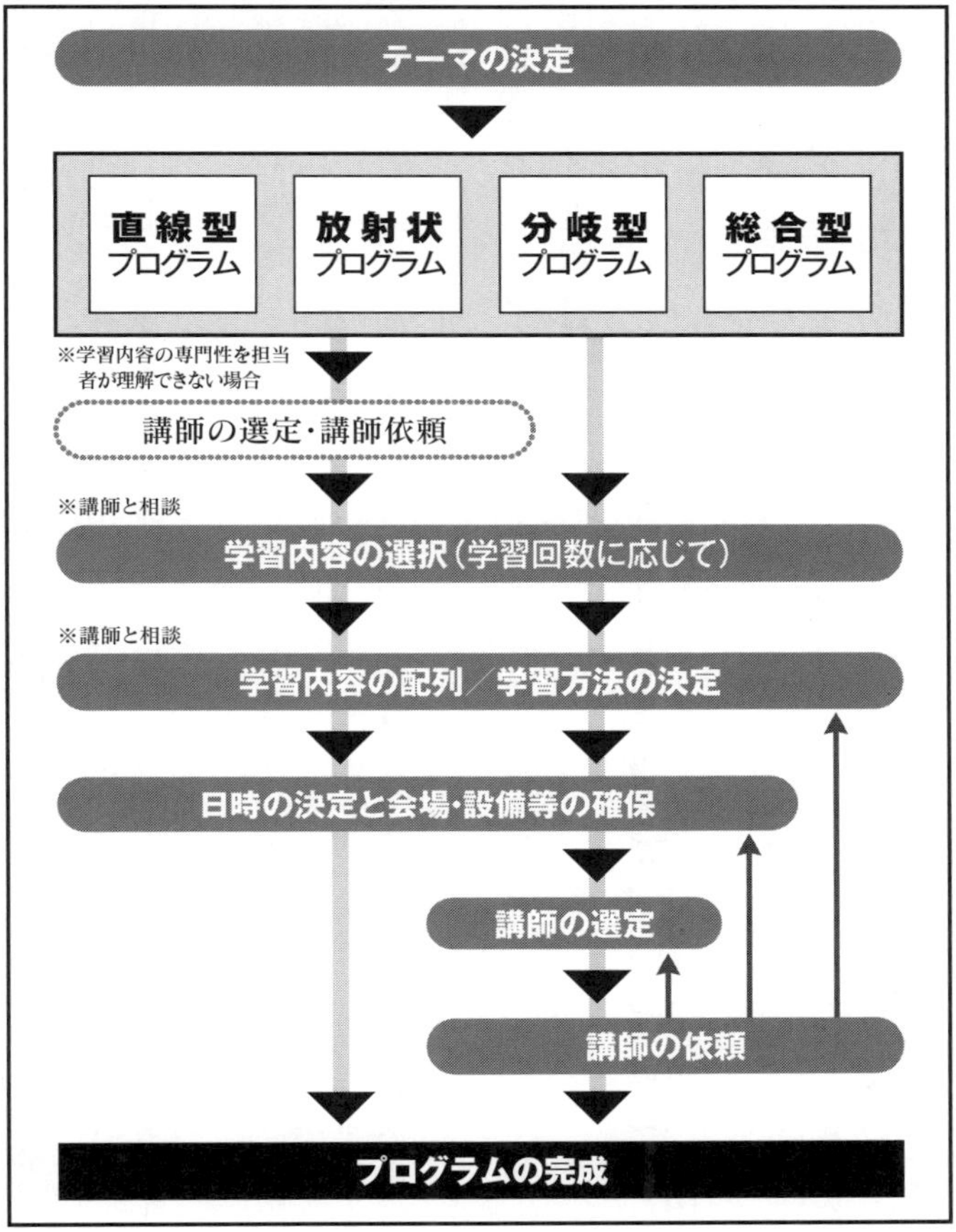
テーマの決定
直線型プログラム
放射状プログラム
分岐型プログラム
総合型プログラム
※学習内容の専門性を担当者が理解できない場合
講師の選定・講師依頼
※講師と相談
学習内容の選択（学習回数に応じて）
※講師と相談
学習内容の配列／学習方法の決定
日時の決定と会場・設備等の確保
講師の選定
講師の依頼
プログラムの完成

先させるのが普通です。絞り込んだら、学習方法も検討しながら、**一定のルール**※に従ってコマ数分の学習内容を配列します。また、会場の確保も念頭に置いてプログラムの期間と日時を考慮していきます。その際、各コマの講師等を想定しておきます。

講師依頼については、講師の都合によって日時を変更することもあります。講師の承諾が得られたら、学習プログラムの完成です。

なお、学習内容の専門性や領域が**担当者の理解を超える場合**※には、講師依頼を行った後で、講師等と相談しながら学習内容の決定とその配置を行うことになります。後述する「蕎麦打ち」などはそうした例に当てはまるでしょう。

### 1 スコープ—学習内容の選択

学習プログラムは、スコープとシークエンス※という2つの視点から組み立てられます。

スコープ（scope）は、学習内容の範囲を選択するという視点です。たとえば、スコープ（望遠鏡）で天体を観察するときには、オリオン座などの天体を観察するのか対象を決めます。これと同じように対象とする学習内容を選択し、絞り込むのです。

---

※後述するシークエンスのこと。

※未知の分野や実技だと、担当者がプログラムを組めないことになる。私が「速読法」を企画したとき、講師に頼らざるを得なかった経験がある。

※**スコープとシークエンス**
スコープとシークエンスは、もともと学校の教育課程編成の視点とされている。

スコープは、学習回数や学習時間に制約されます。

たとえば、料理教室を企画した場合、1日完結コースならメニューを1～2点に絞らざるを得ません。しかし、10回以上なら、メニューを増やせるだけでなく、料理の基本も学ぶことができます。

そこで、蕎麦打ち教室を例に、2つのコースを見てみましょう。

■入門コース（全5回）

| | |
|---|---|
| **1回目　実習** | 二八蕎麦打ち①（道具と材料の理解、水回し、こねる、のす、切る、茹でる）⇒講師の見本を見た後に実習 |
| **2回目　実習** | つゆの作り方（かえしの作り方、出汁の作り方、辛汁の作り方、甘汁の作り方）、二八蕎麦打ち② |
| **3回目　実習** | かけ蕎麦・茶蕎麦作り |
| **4回目　実習** | 十割蕎麦打ち、蕎麦がき |
| **5回目　実習と試食会** | 参加者の作品（蕎麦と料理）を試食し合う。<br>講師の講評 |

■開業希望者コース（全20回）

| | |
|---|---|
| **1回目　講義・実習** | ○実習の進め方、蕎麦の知識、蕎麦打ちの基礎（そば粉について、製粉実習） |
| **2回目～6回目<br>講義・実習** | ○二八蕎麦打ち①（道具と材料の理解、水回し、こねる、のす、切る、茹でる）⇒講師の見本を見た後に実習<br>○つゆの作り方②（かえしの作り方、出汁の作り方、辛汁の作り方、甘汁の作り方） |
| **7回目～9回目<br>講義と実習** | ○二八蕎麦打ち②⇒参加者が単独で作業<br>○つゆの作り方② |
| **10回目～11回目<br>講義・実習** | ○せいろそば・辛汁、かけそば・甘汁、変わり蕎麦<br>○天ぷら（かき揚げ） |
| **12回目～17回目<br>講義・実習** | ○鴨南蛮・つけ鴨、山かけ蕎麦／うどん、天丼など<br>○蕎麦の栄養・蕎麦の種類など |
| **18回目～20回目<br>講義** | ○十割せいろ、一品料理、そば料理<br>○作品の試食会と講師の講評<br>○開業のノウハウとシミュレーション／修了式 |

プログラムの内容をみると、入門コースだと、蕎麦打ちとつゆの作り方だけになってしまいますが、開業希望者コースだと、天ぷらや一品料理、変わり蕎麦、うどん、開業シミュレーションなども学ぶことができ、蕎麦打ちを何度も体験できます。この2つのプログラムは直線型に該当します。

このように、まずは回数との関係から学習内容の範囲を決めていきます。

## 2 シークエンス─学習内容の配列

次に、選択した学習内容を一定の順序性にしたがって配置していきます。この配置の作業は教育界ではシークエンス※（sequence）と呼ばれています。第2章で述べたように、直線型で配置したり、放射状に配置したりします。この配置の仕方の選択は、研修・講座のねらいや学習内容によって決められます。

前述の蕎麦打ちの「開業希望者コース」を見ると、基本である「せいろ」に始まり、応用段階の「変わり蕎麦」や「天ぷら」、発展段階として「一品料理」や高度な「十割せいろ」に移り、さらに最後の段階では開業のノウハウとシミュレーションを取り上げています。つまり、「基礎・基本から応用」という順序性にしたがって各学習内容が配置されていることがわかります。

第2章ですでに述べましたが、その順序性には、①「難易順」、②「累積順」、③

※シークエンス（sequence）
「連続」「順序」を意味する英語。カリキュラム編成では、学習を順序立てて配置する視点とされる。

「作業手順」、④「時代順」、⑤「季節順」などがあります。この2つの蕎麦打ちプログラムは、このうち「難易度」に従っています。

### 3】目玉（メインプログラム）の置き方

プログラムには、アクセントをつけることがあります。「目玉※」になる学習コマを配置することです。「目玉」とは、学習者が最も期待したり、意欲的に活動したりする学習コマのことです。

英会話教室ならこれまで習ってきたことを実際に試せる「ネイティブスピーカーとのパーティー」などが「目玉」になります。複数回にわたる講習会や講座では著名人の講演が「目玉」になるでしょう。レクリエーションリーダー講習会では、小学生相手に実際に指導する「実習」がそれに当たり、キャンプリーダー講習会では3泊4日の宿泊実習が「目玉」でした。

これは、直線型プログラムだけでなく、放射状や分岐型、総合型にも当てはまることです。この「目玉」の置き方は工夫を要します。

しばしば連続講座などの初回に、著名人の講演等を置く例が見られますが（**図2**）、これでは2回目以後の学習意欲が下がりがちになります。むろん、実習タイプの「目玉」は最初に配置できません。学習回数が少ない場合を除けば、「目玉」

**※目玉**
ここでは、参加者が一番楽しみしていたり、最もモチベーションが高まったりするような学習場面で、プログラムの核に位置付くものだと定義しておく。

は後半に位置づけるほうがよいでしょう。

10回のプログラムなら8回か9回目に置くとよいでしょう（**図4**）。そうすると、学習者は最終回（8回なら9回目と最終回）には「振り返り」が可能になり、**よい意味での不満足感が残る**からです。ネイティブとの英会話パーティー後の「振り返り」では、お互いにうまく英会話が交わせたのかを評価し合い（堅苦しくなく）、

図2　できれば避けたい「目玉」の配置

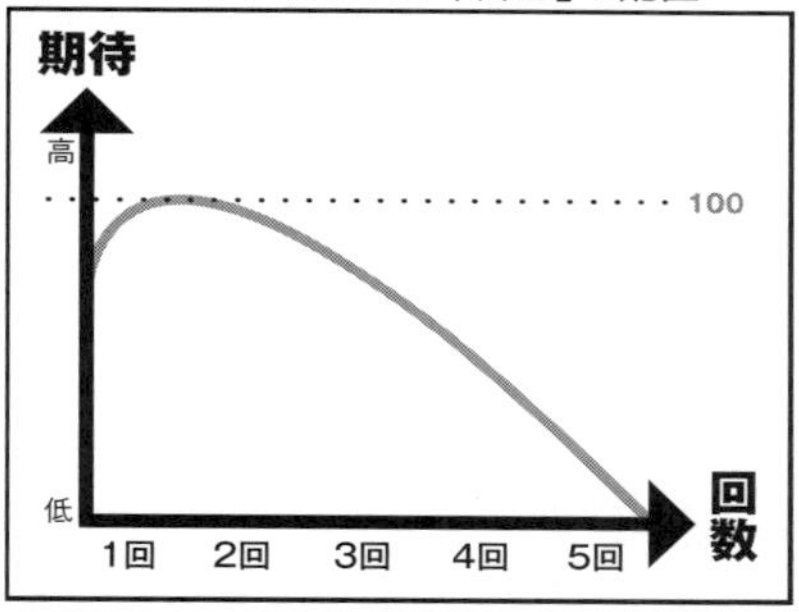


最初に参加者が最も期待しているコマ（目玉）が置かれているため、以後、期待は低下し続ける。学習者は途中で欠席しがちになる。

図3　少し検討を要する「目玉」の配置

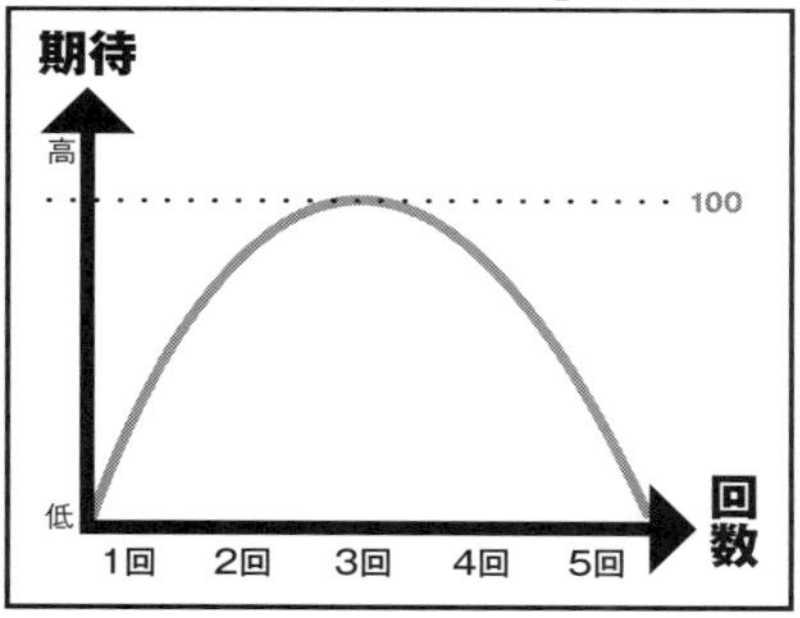


初回から徐々に参加者の期待は高まるが、「目玉」が終わる半ばからは期待が低下し、欠席者も現れやすく、最後まで参加した者も終了感を感じるので、サークル化などで学習を継続しようとする意欲が芽生えにくい。

宿泊実習の後なら反省と思い出の反芻ができます。そして、不満足感によって、自主サークルなどが結成されやすくなるのです。最終回に「目玉」を置いてしまうと、サークル化※の話も出にくくなってしまいます。

**【イベントの場合】**

イベントプログラムの場合には少し事情が異なります。回数を1日のプログラムの流れとみなしてみましょう。

とにかく参加者を集めたいときには**図2**を選びます。一度来場してくれれば、少しはとどまってくれるはずです。

また、半ばで盛り上げ、後半は展示見学など自由に動ける時間を設定したいときには、**図3**のタイプにします。自由散会のようになります。

そして、最後に盛り上げたい

図4　望ましい「目玉」の配置

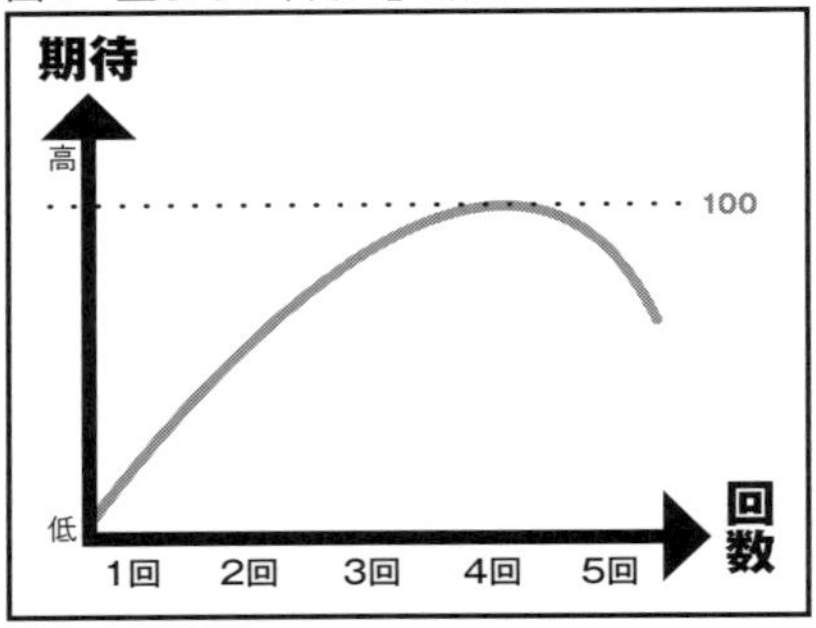


参加者が最も期待する「目玉」が後半に置かれているので、回数を重ねるにしたがって期待が高まり、学習が継続しやすい。また、最終回には期待がやや下がるが、完全に下がりきっていないため、よい意味での不満足感が残り、サークル化につながりやすい。

※**サークル化**
教育委員会主催の生涯学習事業では、修了者に自主サークルの結成を呼びかけることが少なくない。

場合には、**図4**のタイプを選択します。開始から徐々に参加者が増え、クライマックスを迎えて終わるというプログラムです。

**Column**

ある青少年健全育成大会のときのことです。

午後のプログラムの前半に児童による合唱のアトラクションが組まれ、休憩を挟んで後半が講演でした。すると、わが子の姿を見に来た保護者が休憩時に退場し、後半の講演開始時には会場の前席にいた参加者がほとんどいなくなりました。講演者が話しにくい雰囲気が生まれたのは言うまでもありません。

保護者席を後部に指定するか、前後のプログラムを入れ替えたほうがよかったと思います。

困ったプログラム―青少年育成大会の例

| 主催者挨拶 | 来賓紹介・挨拶 | 表彰式 | アトラクション（児童による合唱等） | 講　演 | 閉会の辞 |
|---|---|---|---|---|---|

⇒アトラクションに出演する児童等の保護者は、わが子を伴いアトラクション終了後に帰ってしまうので、講演参加者が極端に減ってしまう。講師が気の毒。

望ましいプログラム―青少年育成大会の例

| 主催者挨拶 | 来賓紹介・挨拶 | 表彰式 | 講　演 | アトラクション（児童による合唱等） | 閉会の辞 |
|---|---|---|---|---|---|

⇒被表彰児童等以外でアトラクションに出演する児童等の保護者も講演途中から加わり、次第に参加者が増えるとともに、またアトラクションで盛り上がった雰囲気でお開きになる。講演時に、被表彰児童等のアトラクション出演者は控え室で準備できる。

### 4〕野外活動の例外

「目玉」の置き方には例外があります。野外活動など天候に左右されやすいプログラムの場合です。

キャンプの「目玉」になるキャンプファイヤーをいつ行うのがよいかについて考えてみましょう。2泊3日のキャンプだと、これを2日目の夜に置きたがる人が珍しくありません。しかし、キャンプのベテラン指導者は初日の夜に置きます。なぜでしょうか。

2日目の夜が雨になった場合のことを考えるからです。むろん中止です。初日が晴天だったら、参加者（特に子どもたち）は、「昨日やればよかったのに」と不満を漏らします。両日ともに雨天なら参加者もあきらめてくれます。2日目の夜には、ボンファイヤー※（bonfire）やキャンドルサービス※などを組んでおくとよいでしょう。

野外活動では、「できることは早めに行う」ことを原則にします。

### 5〕ACTの要素

かつてイギリスの青少年教育（ユース・サービス）では、集い（Association）、挑戦（Challenge）、訓練（Traning）の要素を学習プログラムに盛り込むことが

---

**※ボンファイヤー**
「たき火」の意。キャンプでは、井形に組んだ薪に灯す1つの大きな火を囲み、ゲームや歌、スタンツなどを全員で楽しむ場面をキャンプファイヤーと呼び、グループごとに小さな火を焚いて時を静かに過ごす場面をボンファイヤーと呼んでいる。

**※キャンドルサービス**
室内で参加者それぞれ営火長（または点火係）から分火された蝋燭を持ち、グループごとに大きなキャンドル台の蝋燭に点火（集火）し、その後に、歌やゲームを交えつつ時を過ごす儀式。キャンプファイヤーの代替としても行われる。

望ましいとされていました。[※] 参加者が集って、現在の「できること」よりもややレベルの高い活動に挑みながら、訓練していく学習プログラムが目指されていたのです。

青少年には、座学だけで終わるようなプログラムは適切でなく、このような動きのあるプログラムがふさわしいというわけですが、この3要素は高齢者学級や指導者養成講習会などでも適用できます。

なお、勤労者には、「集い」を煩わしいととらえる人も珍しくありませんので、講義だけでよい場合があります。



※イギリスで1960年にまとめられた「アルベマール・レポート」による。Aibemarle Report, *The Youth Service in England and Wales*, Ministry of Education, HMSO, February 1960.

## 2 学習時間・期間と日時

■1回の学習時間は、90分から120分が一般的である。120分の場合には途中休憩を確保したほうがよい。
■成人教育学者のクラントンは、学習者の注意力が続く時間は1回15分だと言う。
■学習対象に応じて日時を決定する。午前は高齢者向け、午後は高齢者と主婦向け、夜間は勤労者や学生向けが適している。子どもには長期休業中や休日の午前中がよい。

### 1 1回の学習時間

1回（1コマ）の学習時間は、予算などであらかじめ決まっているのが普通です。それではどの程度の時間が適切なのでしょうか。

成人教育学研究者として有名なクラントン※は、「どんな学習者でも情報を聞いて

※P.Cranton、入江・豊田・三輪共訳『おとなの学びを拓く』鳳書房、1999年、96頁

吸収する注意力が続く限度は、1回につき15分程度」で、「1時間続く話では、情報の約3分の1しか記憶にとどまら」ないと述べています。

**一般的な学習時間は、1回90分～120分程度になります。**実技の場合でも120分が限度です。講義だと120分は聴く方にとってかなりきつくなるので、途中休憩も考えたいところです。クラントンの指摘を踏まえれば、ただ時間を長くすればよいというものではありません。

講演で120分を確保している例がありますが、前後に**セレモニー**※を入れ込まないと、聴く方が大変です。また、著名人を講師にした場合には、40分から60分程度の短時間にすることもあります。

ちなみに、講演会を含む規模の大きい大会などでは、プログラムの合間にいたずらに休憩を入れないことが肝要です。休憩が多いと、そのたびに早退者が現れやすいからです。

## 2」学習回数・学習期間

学習内容を学習回数（学習コマ数）に応じて、時間配置することになります。会場の制約はあるでしょうが、学習内容に照らして適切な期間を設定します。集中した方がよいのか、ある程度期間をおいた方がよいのかを検討します。

※**セレモニー**
挨拶や来賓紹介、講師紹介などを組み込むと、正味100分程度。

料理教室だと、1回に学んだレシピを家庭で試してみる時間が必要ですから、週1回～2回程度がよいでしょう。※パソコンや英会話だと、学習間隔は短いほうが適切でしょうから、週2～3回が適当だと思います。

曜日の選び方も重要です。週休2日制導入後に、親子教室を土日に実施したところ、参加申込者が少なかったことがあります。休日が2日つぶれてしまうので、親、特に父親は日曜日くらいゆっくりしたかったのです。

スポーツ教室などの場合、技術を習得するのに期間を要する種目が多いので、1か月以上の長めの期間を設定します。

ともあれ、曜日は固定し、週2日前後とし、講座なら10回程度というのが標準的です。短期間なら5回前後にします。総合型学習プログラムだと、短期3か月、中期6か月、長期12か月という実例が多く見られます。

### 3］学習開催時間

開催時間帯※はどうでしょう。午前中は、高齢者対象や子育て中の親などに適しています。午後に親向けプログラムを置くと、学校から帰宅するわが子を迎えるために、参加者が少なくなるか、退出者が現れやすくなります。

午後は高齢者や子育てを終えた専業主婦に向いています。専業主婦だと、講座帰

※陶芸や油絵などでは、作品が乾燥する時間も考慮しなければならない。

※**開催時間帯**
教育委員会の学習プログラムの場合、一般的に、「午前」9時～12時、「午後」13時～16時、「夜間」18時～21時と定め、それぞれ3時間の中で2時間～2時間30分程度のプログラムを設定し、開場から開始までの時間を30分程度確保している。

りに買い物ができるので都合がよいからです。

夜間は、高齢者には向きません。家族が心配し、また本人の就寝時間にも影響するからです。昼間働く勤労者や学生に適しています。これは理由は述べるまでもありませんね。ただ、開始時間はよく考える必要があります。交通の便のよい会場なら18時30分から始めてもよいでしょうが、そうでない会場ならそれより遅い時間に設定します。

子ども対象なら、休日の午前中がよいと思います。午後は遊びに行きたくなったり、家族とのお出かけがあったりするからです。

# 3 学習方法の決めかた

■伝統的な学習方法には、講義、討議、実技、実習などがある。近年はワークショップ型の学習方法も普及してきている。
■大きな催しでは、シンポジウムなどの公開討議が用いられる。
■学習方法は、学習の目的や内容などプログラムとの相性も考慮しながら最適なタイプを選択する。

## 1 学習方法のいろいろ

学習方法には、講義などの伝統的な方法と参加者が積極的に活動するワーク※ショップ型、そして広く参加者を集める公開討議型があります。それぞれについて説明していきます。

### ①伝統的な学習方法

○**講義**…主に「講座」で用いられますが、その他の学習形態でも併用されます。講

---

※**ワークショップ（work shop）**
元々は「作業場」を意味する英語。研修・講座では、学習者が主体的な活動をする形式の教育方法を指す。多くは、グループごとに、課題に則して、問題解決を行うタイプが採られている。

師による授業形態で、参加者はその話の聞き役になり、教室内の机上学習が中心になります。１回のプログラムでは「講演」と称されることがあります。

○**討議**…話し合い学習のこと。あらかじめいくつかの小テーマを与えられるタイプ（**半構造化**※された討議）と大きなテーマが与えられるだけで自由に討議するタイプ（非構造化）とがあります。「学級」などで用いられ、参加者相互の交流が生まれやすくなります。

○**実技**…主に「教室」や「講習会」で用いられます。特定の技術を取得することを目的として、実際に作業や訓練を行います。

○**実習**…「講習会」や「教室」で採り入れられます。学んだことを実際に試して、学習成果を確認すること。「実技」と同義に用いられることもあります。

そのほか、「演習」を採り入れる場合もありますが、これはワークショップ型で実施されることが多いようです。

**②ワークショップ型**

○**ＫＪ法**…学習者が積極的に活動するワークショップ型のプログラムのうち、ラベルワークが普及するようになりました。その代表的なものがＫＪ法です。※これを考案した文化人類学者・川喜多二郎のイニシャル（K.J）からネーミングされた

※**半構造化**
構造化と非構造化の中間として「半構造化」の方法も採られる。大テーマをある程度かみくだいた中テーマを提示して、討議させるタイプのこと。

※川喜多二郎『発想法』中公新書

問題解決法です。

もともと川喜多がフィールドワークで得た研究情報をまとめるために考案した情報分類法であり、フィールドで観察したり、聴き取ったりした情報を名刺大カードに書き込み（1情報は1カードに）、これを事後にグルーピングしていきます。職員研修などでは班ごとに作業を進めて、最終的には図解を完成させ、発表と質疑を採り入れます。

○**特性要因図**…特性（問題点）の要因（原因）を探っていく方法で、完成した図解が魚の骨に似ていることからフィッシュボーンとも呼ばれます※（**図5**）。要因は、「大きな問題」⇒「やや具体的な問題」⇒「具体的な細かい問題」（抽象から具体へ）という順序で探っていきます。これもグループで行うことができます。

○**ロール・プレイング**…役割演技や役割討議と呼ばれます。参加者の代表が特定の役割を担ってテーマに基づいて演じながら、課題解決のヒントを探ろうとするものです。

たとえば、学校における保護者のクレーム対応をテーマにした場合、保護者役（父・母）、校長役、担任役、子ども役などを設定し、アクションを交えながら発言していきます。話材に基づいて演じていきますが、**スタンツ**※とは異なり、具体

---

※駒井伸俊『考えがまとまる！フィッシュボーン実戦ノート術』アスコム、2010年

※役名の名札をつけたりする。

※**スタンツ**
寸劇のこと。短時間の演技で、即興の場合もあるが、普通はシナリオが用意されている。

的なシナリオに従うわけではありません。

③公開討議型※

○パネル・ディスカッション（panel discussion）…もともとは参加者の代表が数名登壇し、コーディネーター（座長）の進行によって討議するもの。専門家が助言者として加わることがあります。発言者はパネリスト（和製英語でパネラー）と呼ばれます。

○シンポジウム（symposium）…発言者をシンポジストと呼ぶことがありますが、これは和製英語です。英語ではスピーカー（speaker=発言者）になるでしょう。パネルディスカッションが参加者代表による討議であるのに対して、シンポジウムでは専門家が専門的な意見や報告を行い、その後に登壇者相互の討議を行い、参加者との間で質疑応答を行います。視点や専門性の異なる専門家が登壇するのが普通です。

○フォーラム※（Forum）…フォーラム・ディスカッション（公開討論会）。登壇者はスピーカーと呼ばれます。スピーカーと参加者間で討論し、結論を得ようとするタイプの討論方式です。

普通は、コーディネーターの課題解説と進行によって始まり、討論のきっかけ



※岡本包治編著『生涯学習プログラムの開発』ぎょうせい、1992年
土橋美歩『社会教育概説』学芸図書、1992年

※**フォーラム**
集会施設の名称としても用いられることがある。

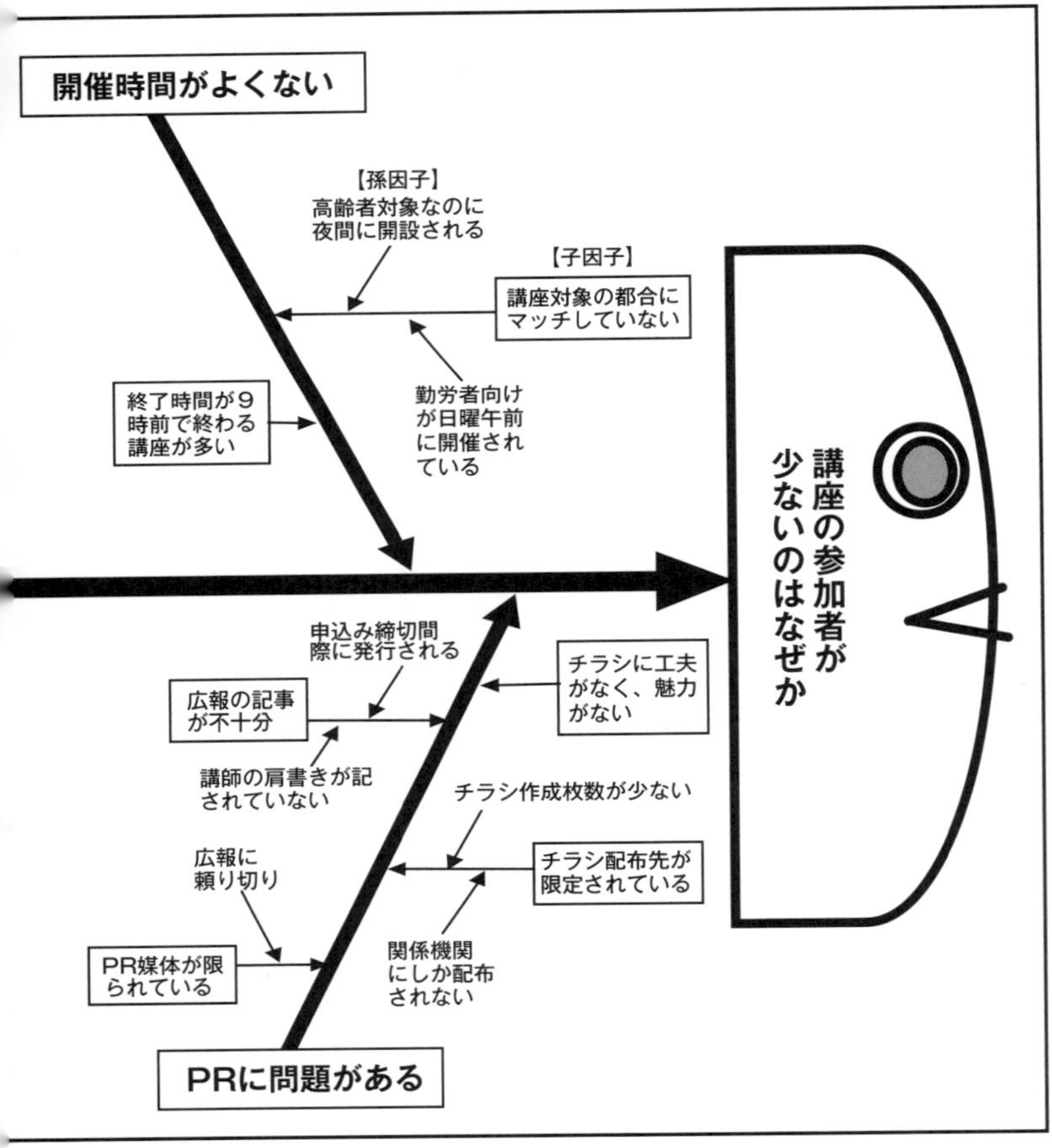

開催時間がよくない
【孫因子】
高齢者対象なのに
夜間に開設される
【子因子】
講座対象の都合に
マッチしていない
勤労者向け
が日曜午前
に開催され
ている
終了時間が９
時前で終わる
講座が多い
講座の参加者が
少ないのはなぜか
申込み締切間
際に発行される
広報の記事
が不十分
チラシに工夫
がなく、魅力
がない
講師の肩書きが記
されていない
チラシ作成枚数が少ない
広報に
頼り切り
チラシ配布先が
限定されている
関係機関
にしか配布
されない
PR媒体が限
られている
PRに問題がある

図5　特性要因図の例（フィッシュボーン）

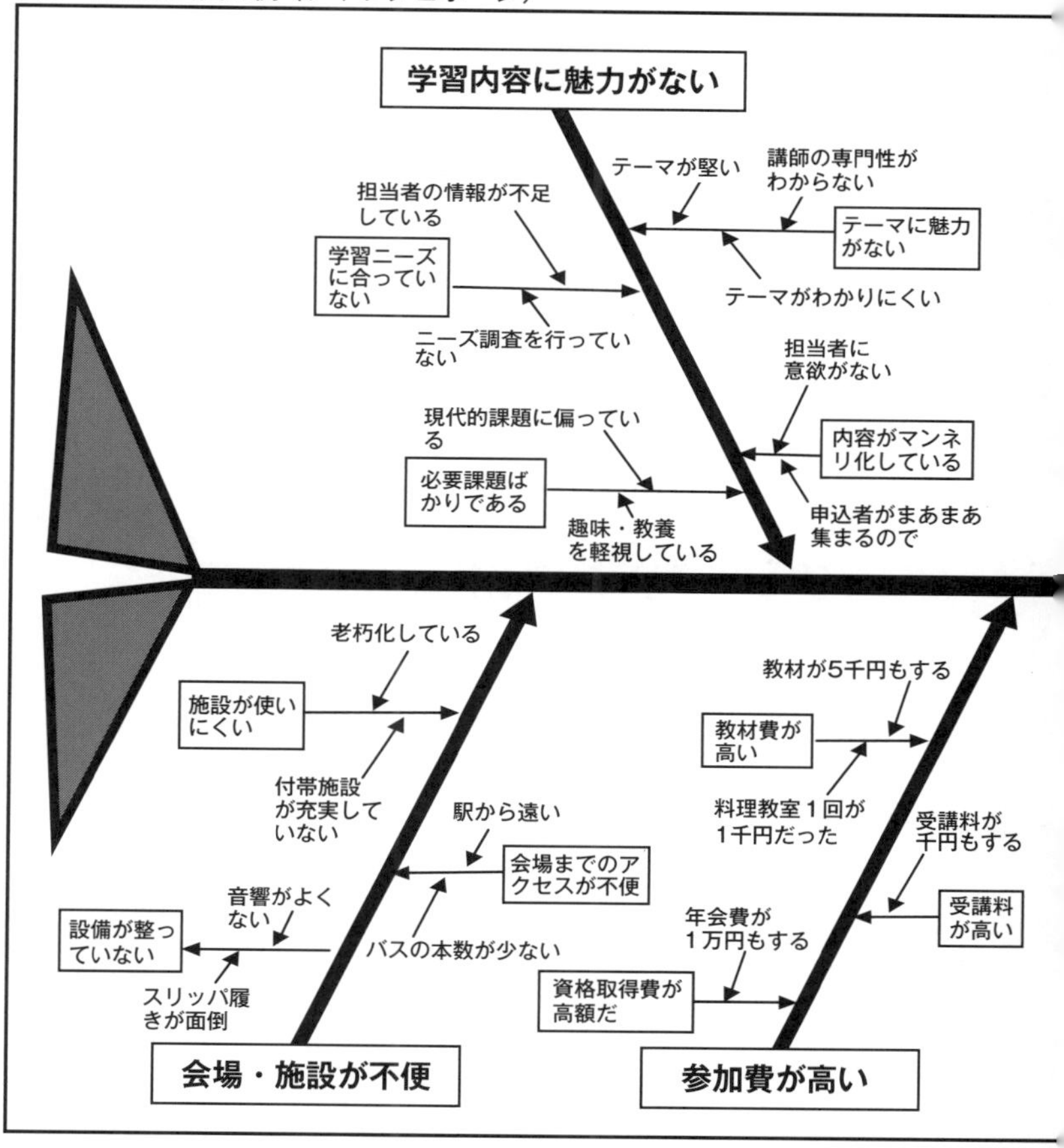
学習内容に魅力がない
テーマが堅い
講師の専門性がわからない
テーマに魅力がない
テーマがわかりにくい
担当者の情報が不足している
学習ニーズに合っていない
ニーズ調査を行っていない
担当者に意欲がない
内容がマンネリ化している
申込者がまあまあ集まるので
現代的課題に偏っている
必要課題ばかりである
趣味・教養を軽視している
老朽化している
施設が使いにくい
付帯施設が充実していない
駅から遠い
会場までのアクセスが不便
バスの本数が少ない
音響がよくない
設備が整っていない
スリッパ履きが面倒
会場・施設が不便
教材が5千円もする
教材費が高い
料理教室１回が１千円だった
受講料が千円もする
受講料が高い
年会費が１万円もする
資格取得費が高額だ
参加費が高い

になるようスピーカーが話題提供を行ったり、映画を鑑賞したりした後に、参加者から意見や情報を求める形で進行していきます。実際には、パネル・ディスカッションやシンポジウムと区別されていないことがあります。

**○円卓式討議**（ラウンドテーブル・ディスカッション、Round-table Discussion）…参加者が対等な関係で円形テーブル（ロの字型の机でもよい）に着席し、コーディネーターのもとで討議する方法です。討議者がお互いに顔と反応を見ながら発言できるので、臨場感のある討議になりやすいというメリットがあります。なお、ギャラリーは円卓の外側周辺部に着席し、討議の聴き役になります。

**○ディベート**（debate）…近年、教育的観点からディベートが普及してきました。日本ディベート協会は、①集会や議会等の公共的（public）な議論を行う場において、何らかの論点、課題について、②対立する複数の発言者によって議論がなされ、③多くの場合、議論の採否が議論を聴いていた第三者の投票によって判定される討議形式をディベートの代表的な定義だとしています※。

実施する場合、①スピーチ時間、②スピーチの順序と回数、③準備時間などのフォーマットを作成しておきます。たとえば、テーマについて「反対派」と「賛成派」に分けた場合、それぞれ共通のフォーマットを適用します。教育ディベー

※映画等を用いる事業は、フィルム・フォーラムと言う。

※日本ディベート協会HP http://japan-debate-association.org/

トでは、議論は発言者がもつ本来の見解にかかわらず、「派」の立場になって進めていきます。立場の置き換えに教育的意義があるからです。

## 2 プログラム目的との相性

学習方法は、目的やテーマに応じて適切なものを選んでいきます。「教養の向上」が目的であれば、講義中心になるでしょうし、啓発（「学習者・職員等の意識改革」）が目的であれば、講義のほか討議やワークショップを併用したほうがよいでしょう。

- 教養の向上…講義、実技
- 学習者・職員等の意識改革…講義、ワークショップ、公開討議
- 生活・職業上の知識・技術の習得…講義、実技、実習
- 人間関係の構築・改善…講義、ワークショップ
- 諸資格の取得…講義、実技、実習

このようにみると、「講義」は多くの学習プログラムの基本に位置づくことがわかります。ただ、「技術の習得」を目的とするプログラムでは、「講義」のコマを設定せず、講師の話を「説明」に位置づけてもかまいません。※ 本章で述べる「講義」とは、あくまでも学習のコマに位置づける場合を意味します。

※「講義」と「説明」はややニュアンスが違う。「講義」は、学問に関する事柄を述べることで、「説明」は、ある事柄についてわかりやすく述べること。なお、「講話」は宗教などの精神的な内容、「講演」は政治活動や人生の問題などにかかわる内容、「講義」は学問的なことに関する内容などの場合に用いられる傾向があると言われる（大野晋・浜西正人『角川類語新辞典』角川書店1981年、309頁）。

### 3〕学習方法の決定①――プログラムとの相性

以上のような学習方法の中から、事業の目的と相性のよいタイプを選択しますが、複数の方法を併用することは珍しくありません。特に講習会・研修会、総合型プログラムでは複数の併用が一般的です。

ただし、ワークショップ型は、1つの作業を完成させるのに長時間を要し（最短でも3時間）、また1つのプログラムで多用すると学習者が飽きてきます。公開討議型は、1日ないしは半日の大規模なプログラムの一部で用いられます。「実技」等は、学習内容に応じて時間と回数が決められることになります。

### 4〕学習方法の決定②――学習者の人格特性の考慮

かつて、アメリカのクロンバックという教育心理学者は、**適性処遇交互作用**※（Aptitude Treatment Interaction＝ＡＴＩと略される）と呼ばれる理論を提唱しました。

これは、学習者の特性（適性）と指導法（処遇）には関係があり、たとえば、人格特性として対人不安の強い人は講義で学習成果が上がり、対人不安の弱い人は討議のほうが学習成果が高い傾向にあることを提示した理論です。簡単に言えば、対人不安の強い人は、大勢の人前で意見を述べるのが恥ずかしいため、質問されるの

---

※大村彰道「ＡＴＩ」『教育学大事典第一巻』第一法規（1978年）を参照

ではないかと不安になり、学習どころではなくなってしまうのでしょう。

反対に、不安の弱い人、言い換えると積極的に人前でよく話せる人は、講義に聴き入るのが苦手で、討議では水を得た魚のように活発に議論し、思考を深めるものと考えられます。

しばしば講義を聴くだけの学習は「承り学習」と称して、あまりよい方法だと認識されないことがありますが、対人不安の強い人には適した学習方法だと言えます。

以上のような点を考慮して学習方法を決定していきます。

# 4 参加費の決めかた

■参加費は受講料＋教材費等からなる。
■教材費は、欠席者を見込んで、「教材実費／（参加数×0・8）」程度で算出しておくとよい。
■参加費が1回1、000円以上になると、参加申込者が減る傾向にある。

行政主催の学習事業には参加費無料の例が多いようですが、近年は公的施設での**指定管理者制度**※の導入によって有料化が進展しています。まして、カルチャーセンターなど民間学習事業所が主催する学習事業では、参加費を徴収する例がほとんどです。

参加費には、①受講料と②教材費があり、これらを区別しないこともあります。プログラムによっては、実習や観察のための交通費が必要な事業もあります。

※**指定管理者制度**
公の施設の管理運営を地方公共団体が指定する民間企業やNPO等に管理を行わせる制度。平成15年の地方自治法一部改正によって導入された。それ以前は、地方公共団体が出資する団体への委託に限定されていたが、この枠を広げるとともに、施設の管理権限も委ねる制度とされた。

## 1 受講料

受講料の決め方には明確な基準はありませんが、民間の事業所や団体が主催する場合には一定の収益確保を前提にすることが多いでしょう。

一般的に民間主催の学習事業の受講料は高く、特に資格絡みの場合にはかなり高額になっています。※

教育委員会や役所の事業だと、無料や低額の受講料になりますが、受講料を徴収する場合でも、あらかじめ必要経費を考慮して決定しているわけではありません。自治体によっては、人権や環境、子育てなどの現代的課題（＝必要課題）を扱う学習事業の受講料を無料とし、その他の事業（＝要求課題）は有料にするところもあります。あるいは、子どもや高齢者を対象とする事業は低額にしている例も見られます。

## 2 教材費

教材費はおおよそ以下のように決めます。ただ、公的な学習プログラムの場合には、1回当たり1、000円を超えると参加者が極端に減ってしまいます。料理教室なら、特別なメニューを除けば、食材として1回500円程度が相場です。

また、教材のうち、道具が必要な場合には、その用意の有無を示し、ない場合に

※あるNPO主催のカウンセラー資格取得講習は、14回（1回7時間前後）の講座で約30万円の受講料だった。1回当たり約2万1、400円の計算になる。

は教材価格を想定しておく必要があります。たとえば、油絵教室だと、絵の具や筆などを一式購入すると高額になるので、参加者が限られます。スキー教室などでは、板等のレンタル料も示し、その斡旋も必要になります。

●教材費の算出（特に、食材など保存ができない場合）
教材費≒教材実費／（参加数×0・8）

教材費は実費だけで算出すると、参加者が来なかった場合に赤字になるので、若干高めに設定しておきます。

余ったときには、残金を終了日に返せば参加者から文句は出ません。また、納入済みなのに欠席した参加者から**返金**※を求められることもあるので、ある程度余裕をみて金額を決めておくのが無難です。

以上のような手順と視点で学習プログラムを組み立てていくことになります。むろん、ここに記したこと以外にも様々な方法があるでしょうが、とりあえずは押さえておきたいことを述べてきました。

具体的な手順を、「演習」として**図6**にまとめています。「講師選定」からは次章で述べることにします。

---

※**返金対象**
食材など生ものであれば返金に応じる必要はなく、購入済の教材等ならば現物を渡すのが原則。

図6　具体的な手順

## 演習　プログラム編成作業の進め方

**STEP 1**　テーマが直線型に向くか、放射状などのタイプに適しているかを検討します。

cf. 技術習得なら直線型、幅広く学ぶテーマなら放射状を選ぶ。

**STEP 2**　名刺大のラベルを用意します。テーマに沿って、必要な学習内容の概要（小テーマ、下図ではアルファベットで表記）をラベルに書き込みます（スコープの作業）。枚数はコマ数より多くしておきます。

**STEP 3**　コマ数分に絞り込んだラベルを、一定のルールに従って並べていきます（**シークエンスの作業**）。このとき、「目玉」をどこに置くかも検討します。よく検討して、並べ方（配置）がよければ、小テーマ（各回の学習内容）の表現を再度吟味します。

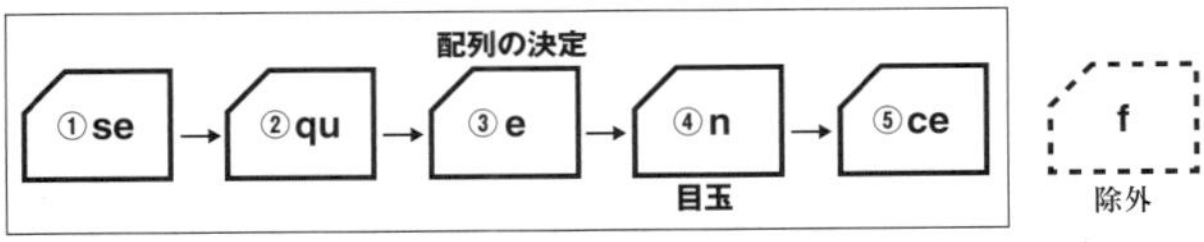


**STEP 4**　学習対象者を考慮して、学習時間·期間と日時、会場、参加費を決定します。

cf. 会場の空き状況等をあらかじめ確認し、押さえておく必要があります。

**STEP 5**　コマごとの講師·指導者を選定します。その後、講師等に依頼し、承諾が得られれば、これでプログラムができあがりです。講師の都合により日時等を変更することもあります。

⇒チラシ（フライヤー）づくりなど広報作業に進みます。

**Column**

２００５年に、民間団体が主催した講演会で、ある著名な教育評論家が、参加費が有料であったことを理由に講演をキャンセルするというトラブルがありました。その教育評論家は、事前に有料であることを知らされておらず、また有料講演は引き受けない方針だったようです。

主催者とその講師には認識のズレがあったようですが、もし有料であるとすれば、依頼時にその旨を理解してもらうことが不可欠です。

その評論家の件は別としても、有料にもかかわらず、講師謝金が低額だと、何かおかしな気分になりますね。

# 5

研修・講座のつくりかた

# 講師依頼の方法

本章では、プログラムにふさわしい講師などの指導者を選び、依頼するための方法を取り上げます。学習をサポートする指導的人材には、講師や実技指導者のほか、パネリスト、コーディネーター、ファシリテーター、アシスタントなどがいます。これら人材の選定のポイントと依頼方法を述べていきましょう。

# 1 講師の選定
## ―企画にふさわしい講師をどう探すか

■講師等を選定する場合、専門性、指導力、人柄・指導姿勢、指導経験、居住地、政治性・宗教性・営利性を考慮する。
■実際に適任の講師等を探すときには、①学習事業の指導実績の参考、②著書・論文の参考、③関係データベースや資料の検索、④関係機関・組織への依頼という方法が採られる。

### 1 学習支援者の種類

講師をはじめとする学習支援者※にはどのようなタイプがあるでしょうか。

①講師
講演や講義などの話者ないしは実技を担当する指導者のことです。

②パネリスト／シンポジスト（スピーカー）

※**学習支援者**
生涯学習においては、指導者よりも学習支援者という言葉を用いることが多くなった。これには講師・指導者だけでなく、ファシリテーターなども含まれる。

公開討議の場で、それぞれの立場や専門から発言する登壇者を言います。

③コーディネーター／モデレーター※／司会者

公開討議の進行を担当します。かつては司会者とされていましたが、単なる進行だけでなく、登壇者の発言にコメントを加えることも期待されるコーディネーターやモデレーターとして討議を担当する例が多くなりました。

④ファシリテーター

ワークショップなどの小グループ内に入り、メンバーの学習活動がうまく展開できるように進行の助言を担当する学習促進者です。

⑤講師補助者／アシスタント

講師（実技指導者を含む）の講義や指導をアシストする役割を担います。資料の掲示や教材の配付などを行い、最近ではパソコン等の機器操作を担当する例が増えています。学習プログラムのどこで、どのタイプの学習支援者を依頼するかを検討していきます。ただし、以下では、講師を中心に述べます。

## 2 講師の条件

講師や指導者は、学習プログラムの成果に最も強く影響します。講師の話の内容や話しかた、実技指導者の教え方などは学習者の意欲や成果を左右することになり

**※モデレーター(moderator)**
調停者を意味する言葉。シンポジウム等を主体的に行う役割を担う人のこと。

ます。それだけに、講師や指導者選びは慎重でなければならず、その依頼にも細心の注意を要します。

そこで、最適な講師や指導者をどう選び、どのような条件に留意したらよいかについて述べみたいと思います。

**①専門性**

言うまでもなく、企画内容に合致した専門性を有することが必須条件になります。**専門性には2つの側面**があります。1つは、特定分野について深い知識・技術を有するという側面（**内容知**）※です。もう1つは、問題解決法やグループワークなど、教育指導法に関する資質・能力に関する側面（**方法知**）です。

前者（**内容知**）の専門性に関しては、どこまでその深さ／高さを求めればよいでしょうか。たとえば、日本史講座を企画した場合、古代から近現代に至るまでの時代区分、あるいは、政治史や社会史、思想史、民俗史、文化史など研究対象の違いにこだわるのか、そうではなく、日本史の概説を求めるのかということを考えます。スポーツでも、全般的な指導ができる人がよいのか、取り上げる種目に関する専門性を有する人物がよいのかを検討します。

専門性の把握は、論文や著書、指導実績などをよりどころとします。ただ注意す

※河野重男・児島邦宏編著『学校パラダイムの転換』ぎょうせい、1998年

べきは、たまたま専門外のテーマで論文を書いたという場合です。こうした誤解のないよう、同じようなテーマで複数の論文や著書があるかどうかを確認することが大切です。

一方、教育指導（**方法知**）に関しては、**グループワーク**※や問題解決法、討議、ディベートのような方法に長けた指導者になります。ときどき「人生論」や「生き方」などを語る講師もいますが、この手の講師は特定分野の専門家というよりも、話術に優れるという専門性をもっているのでしょう。

⇒専門性は深い知識・技術に関する側面と教育指導の方法に関する側面がある。研究者は前者の専門性を有し、ファシリテーターなど学習支援者は後者の専門性を有する。

## ②指導力

講義では話術が指導力に当てはまります。いくら高い専門性があっても、話が難しかったり、参加者の興味・関心を惹かなかったりすると、参加者の評価が低くなりがちです。話術・話しかたの巧拙ないしは適否は、担当者の聴講経験で判断されやすいのですが、指導実績なども判断の材料になります。

また、私の経験から言えば、論文や著書の文章を読んで、専門的で難解な文章の書き手だと思う人は話も難しい傾向があります。やはり**わかりやすく、親しみやす**

**※グループワーク（group work）**
参加者がグループ活動を行うことによって学習を深める方法のこと。本来は、活動そのものではなく、学習の過程や方法を意味する。

**い文章を書く人は、それなりにわかりやすく話してくれます。**実技指導の講師も同じです。ただ、実技講師には論文等を書いてない人が少なくないので、主として指導実績を参考に指導力を判断することになります。

⇒難解な文章の書き手の話は、得てしてわかりにくい。

### ③人柄と指導姿勢

次に大切なのは、やはり人柄と指導姿勢です。根気よく、温かい気持ちで指導してくれる人物でないと、企画は失敗に終わる可能性があるのです。

テレビで無愛想かつ横柄な飲食店主などが紹介されますが、この種の人はいくら専門性が高くても生涯学習の場には向きません。また、私が社会教育主事として勤務していたとき、ある講習会の講師が、障害のある人に教えるのは面倒だと発言したことがあります。この方には辞めていただいたのですが、このような人も講師としては不適格です。

受講者は、講師等に対して人間関係の能力、たとえば、「他人の話をよく聴き取る能力」や「参加者を分けへだてなく受け入れる」などの能力が確認された後で、専門的な能力に注目する傾向があると言われます。※参加者は、講師等に対して、「やさしい」か「つめたい」などの印象で評価しようとするのです。

※クラウス・マイセル、三輪健二訳『おとなの学びを支援する』鳳書房、2000年、95頁

実技指導の講師は、技術習得の成果だけでなく、学習の雰囲気にも大きな影響を及ぼします。笑顔で気持ちよく指導してくれる講師だと、学習の場が明るく、楽しくなりますが、専門性は高くても仏頂面で教える講師だと、堅苦しい雰囲気になってしまいます。

⇒人柄と指導姿勢は専門性に優先する。いくら高度な専門性をもつ講師でも、人柄に問題があれば一般向けの研修・講座には適さない。

### ④指導経験

講師の指導実績は、その専門性や人柄などを把握するための目安になるだけでなく、研修・講座の円滑な運営の成否にも影響します。**ベテランの講師であれば、担当者が多少のヘマしても何とか補ってくれます。**

ある研修でこんなことがありました。講師は事前にレジュメを送ったにもかかわらず、担当者に届いていなかったのです。ベテラン担当者なら未着通知を送信するはずですが、担当者は新人だったからかそのままにしていました。講演当日、講師は当然レジュメが配付されると思っていたところ、そこで初めて未着だと知らされました。しかし、講師は経験豊富だったので、持参していた原稿を手渡し、印刷が完成するまでの間にレジュメなしで話を進め、ハプニングを補いました。

また、経験豊富な講師なら、参加予定者数が極端に少なくても動揺せず、また直前のプログラムの延長で時程が変更されても、上手に進めてくれます。

以上のほか、講師等の年齢についても考えておく必要があります。あまりに若い講師が管理職研修※の講義を行った場合の受講者の反応を考えてみましょう。年齢の高低、経験の有無／長短という観点から、受講者は評価することがあります。

ただし、新たな講師等の発掘を試みることも忘れてはなりません。担当者は他の研修・講座に積極的に参加したり、関係図書に目を通したりするよう努める必要があります。

⇒指導経験豊富な講師は、担当者の不備を補い、ハプニングがあっても動揺せずにプログラムを進めてくれるので安心だが、担当者は新人講師の発掘にも努めたい。

### ⑤居住地

講師の居住地も重要な条件になります。遠方の講師だと交通費が発生しますが、近隣の講師だとそれが不要です。旅費予算がなければ、遠方の講師は依頼できません。

私の経験ですが、自宅から約93キロ離れた会場で実施される研修会の講師を依頼されましたが、最寄駅までＪＲ運賃１、６２０円で、往復３、２４０円を自己負担し

---

※後輩が先輩を指導するので、元の上司などが受講者に含まれていることがある。お互いに気まずさや違和感を抱くはずである。したがって、管理職や幹部の研修には外部講師に依頼することが多い。

ました。この100キロ前後というのは悩ましいところです。

ともあれ、会場近くの居住者ならば、様々なメリットがあります。講師は移動負担が小さく、地域性をよく理解しているだけでなく、交通機関の遅延などの影響を受けにくく、打ち合わせもしやすいのです。参加者や受講者からは、同じ地域の住民だという意識から講師に親しみを感じます。ただし、その反面デメリットにもなります。同じ地域の人（講師）だと、主催者が身近な人を安易に依頼したのではないかと勘ぐられることがあるからです。

地方の主催者は、中央から呼んだ講師の話のほうが参加者に強く訴えると指摘する人がいます。そのような点を考慮することが必要な事業もあるでしょう。

⇒周辺地域に居住する講師は、移動負担が少なく、打ち合わせがしやすい。また、地域性をよく理解しているので、参加者も親しみやすい。

居住地域や勤務地から近い人は、次のような利点があります。

①移動負担をかけずに依頼できる（主催者としても交通費の負担を気にせずに済む）

②地域性をよく理解している（市民だと、地域事情の説明を要しない）

③事故等の場合の対応がとりやすい（電車遅延等でもタクシー等で来場可能）
④打ち合わせの機会を設けやすい（講師の勤務先等に担当者が訪問しやすい）
⑤財政事情を理解してくれやすい（正確に言えば、会場までの移動負担が小さいので、高額謝金でなくても承諾してくれやすい）
⑥参加者・受講者が親しみを感じやすい（同じ地域の住民だという感覚）
しかし、中央など遠方から来た講師の方が参加者にありがたみを感じさせる場合もある。

## ⑥政治・宗教・営利に関すること

そのほか、公的機関などでは、政治的・宗教的中立性の観点から、特定の政党・党派や宗教・宗派に偏した指導を行いかねない人物を避ける必要があります。営利についても、講演を利用して営利活動を行う可能性のある人物は要注意です。

民間組織・団体主催であれば、そうした配慮は不要かもしれませんが、たとえ民間でも、担当者が政治的※・宗教的偏りを知らずに依頼すると、問題になることがあります。行政の場合、特に必要がない限り、政治家（特に現役）は避けるのが無難です。宗教家に依頼するときにも、宗派を超えた講話を期待できる人物以外は避け

※所属組織・団体が党派や宗派の名称を用いていないことがあるので、関係者に問い合わせることが大切。

た方がよいでしょう。

⇒政治的・宗教的・営利的色彩の濃い人は要チェック。

## 3〕講師の探し方

それでは実際にどのような方法で適切な講師や指導者を探せばよいでしょうか。

### ①学習事業の実績を参考にする

講師探しは、一般的に過去の学習事業や他の教育委員会等の事業例を参考にすることが多いと思います。研修・講座のチラシや実績報告書などを見て適任講師を探します。

指導実績がある講師だと、専門性や人柄等の点でも安心できます。また、実施した担当者に問い合わせることができます。

### ②著書・論文を参考にする

著書や雑誌論文などの執筆者から選定するのも一般的です。しかし、この方法だと専門性は把握できますが、執筆者の人柄までは把握できません。ただし、前述したように、難解な文章の書き手の話は難解な傾向にあるように、文章の書きかたで少しは人柄や指導力を推測することができるので、一般向けの雑誌への執筆が多ければ、その人の話はわかりやすいと判断できます。

### ③関係データベースや資料から探す

人物名簿や著者目録、文献目録などの関係資料から特定分野の専門家を探します。現在は、Googleなどの検索エンジンで、ある程度の情報なら容易に探し当てることができますが、もう少し詳しい情報や検索エンジンでヒットしにくい情報は、以下のようなデータベースなどで収集できます。

#### ■人物検索データベース

**J-GLOBAL**（科学技術総合リンクセンター）（科学技術振興機構〈JST〉※）

＊大学等の研究機関に所属する人物の情報。学歴・職歴、論文・著書、社会的活動（委員歴など）、研究課題などの情報が得られる。

**各大学HPの「研究者総覧（一覧）」**

＊当該大学に所属する教員の情報。学歴・職歴、論文・著書、社会的活動（委員歴など）、研究課題などの情報が得られる。HPのトップページから探すのが面倒な大学※もある。トップページにない場合には、「研究情報（紹介）」や「学部」などから入ることになる。これが最も活用できる方法である。

**「朝日新聞人物データベース」** 人名一覧は無料、詳細情報は1件300円

＊収集した人物情報。新聞記事に掲載された人物など。

---

※**科学技術振興機構（JST＝Japan Science and Technology Agency）**
科学技術振興事業団の独立行政法人化によって改組された機関。科学技術の振興を目的とし、その事業の一つとして科学技術情報の流通も行っている。

※HPにアップされていない大学もある。

「読売人物データベース」人名一覧は無料、詳細情報は1件300円
＊収集した人物情報。新聞記事に掲載された人物など。
「日外アソシエーツ現代人物情報」人名一覧は無料、詳細情報は1件300円
＊収集した人物情報。新聞記事に掲載された人物など。

■人物検索書籍

『日本タレント名鑑』9、450円、株式会社VIPタイムズ社、毎年発行
＊テレビ等に出演するタレント等の情報収集に便利。事務所などがわかる。

■論文等検索データベース

CiNii（NII論文情報ナビゲータ［サイニィ］）（NII[※]＝国立情報学研究所）◇
無料
＊図書や学術論文の検索に便利。人名とテーマの両方から検索できる。著者の論文以外の情報は検索できない。**姓と名の間は一マス空けて入力**する。
⇒特定の人物が思い浮かばない場合には、①CiNii→②人物の特定→③J-GLOBALまたは大学HPの「研究者総覧（一覧）」→④プロフィールの収集→（著書等の入手）→⑤講師依頼、という手順を踏むとよい。

※**国立情報学研究所（NII＝National Institute of Informatics）**
文部省学術情報センター（NACSIS）が改名した機関。「学術情報の収集、整理及び提供並びに学術情報及び学術情報システムに関する総合的な研究及び開発を行うことを目的」とする大学共同利用機関。

## ④関係機関・組織に依頼する

官公署や専門学校、企業などの関係機関・組織に適任者を紹介してもらうことができます。

私の経験ですが、外出困難な肢体不自由者対象の社会教育訪問学級※を担当したとき、学習者からメイクアップアートを学びたいという要望がありました。

そこで、まず電話帳からメイク関係の専門学校を探し出し、地理的条件や知名度などを考慮して、ある専門学校に電話で依頼しました。

すると、広報担当の方が、学校としても社会貢献になり、講師にも新たな研修の機会になると答えてくれ、低額謝金にもかかわらず、理解ある若手講師を紹介してくれました。また、製菓の講師を探すときにも、電話帳から専門学校を探し、適切な講師を探すことに成功しました。

⇒日ごろから講師として依頼できそうかどうかという視点で、図書や論文を読む。面識を得た専門家を講師として適切かどうか吟味するよう努めたい。

※**社会教育訪問学級** 重度の身体障害があって外出困難な方を対象に、希望する学習内容にかかわる講師を学習者の自宅等に派遣する事業。昭和57年に東京都中野区で実施されたのが最初。

Column

## 事例紹介　学習事業案内チラシの交換

私が社会教育主事として勤務していた当時、東京23区の社会教育主事の職能組織が学習事業案内チラシを月1回のペースで交換し合う取組を行っていました。各区の社会教育主事は、日ごろから勤務地のチラシ収集に努め、これらをまとめたものを他区22区に送付し、同時に22区のチラシを集めることができました。

このチラシ交換で一番有益だったのが、講師情報の収集が容易になったことです。ほかの教育委員会では、このテーマでもこの講師を依頼したのだな、という実績が把握できるからです。

担当者としては、著名人ならともかく、全く初めての講師に依頼するのは不安なものです。したがって、チラシによる実績把握はとても参考になりました。社会教育課の事務職員もチラシ情報には関心をもち、何かにつけてチラシを閲覧していました。

行政ならば、同じ都道府県内の市町村間でこのようなチラシ交換をぜひ行ってほしいと思います。企業であれば、部署間、あるいは同業種間で研修講師情報の共有化を図るために、チラシのような情報交換を行うことも考えられます。

# 2 講師謝礼の考えかたと決めかた

■講師謝礼は、①講演・指導の準備負担、②専門的知識・技術の提供、③講師のステイタス使用の対価である。
■謝礼額は、①テーマに関する専門性、②会場まで所要時間、③参加者数など事業規模、④費用法の活用、⑤研修・講座の指導形態などに配慮して決める。

## 1 謝礼をめぐる非常識

謝礼[※]をめぐってはいろいろと不思議なことがあります。たとえば、講師を依頼されるとき、謝礼について一切話がない場合が少なくありません。そして、研修・講座が終了した時点でもその金額を知らされず、1か月くらい後になって銀行口座に謝礼が振り込まれてようやくその金額がわかるのです。おそらく賃金ではなく謝礼なので、金額の事前提示がなされないのでしょう。

このように、研修を引き受けた後になっても、謝礼金額が提示されないことは珍

※**謝礼**
謝金という場合もあり、謝礼と謝金は特に区別されていない。ただ、謝金の方がやや事務的な感じがする。

しくありません。提示されても、驚かされる（相場を下回る）金額のときがあります。ちなみに、担当者があらかじめ「安い金額で恐縮です」と言ってくる場合は、相場ないしは予想以上の金額である傾向にあります。

私の友人は、ある県から謝礼30万円で講演を依頼されました。友人は「そんなにいただいていいのですか」と遠慮がちに言ったところ、「そうですか。それでは10万円でいかがですか」と即答されたのです。1講演10万円は決して安くないのですが、友人は驚き、20万円損した気持ちになりテンションが下がったそうです。

また、最近は、講師謝礼を銀行振り込みで支払うところが多くなりました。銀行振り込みだと、事後1か月以後に支払われますが、遠方の研修等が続くと、旅費負担に苦労することになります。

東京に住むある友人は、地方4か所からの依頼が2週間に集中し、旅費と宿泊費が20万円近く必要になりました。その立て替え費用を捻出するために、銀行のカードローンを利用したそうです。気の利いたところだと、旅費のみ前払いしてくれるのですが、これはたいへんありがたいことです。

そのほか、謝礼をめぐってはいろいろと驚かされる事例があります。全般的に見て、謝礼に関しては民間企業の方がしっかりしているようで、どうも行政関係者の方がルーズのような気がします。

講師を依頼する場合、担当者は謝礼についてしっかり伝えておき、確実に講師の了解をとっておく必要があります。

## 2」謝礼の考え方

講師謝礼とはどのような性質のものでしょうか。行政が主催する研修講座で90分の講演を大学教授に依頼する場合、3万円から6万円といったところでしょうか。著名な教授だと10万円以上になり、芸能人※だと100万円以上に跳ね上がります。

### ①講演・指導の準備負担も含まれる

**講師謝礼は一般の労働賃金とは性格を異にします**。まず、講演・指導時間だけでなく、その準備に必要な時間と労力の負担が隠れているからです。

しばしば、依頼者から大量の資料が送られてきて、すべて目を通すよう求められることがあります。実情を理解して講演してほしいようですが、資料の読み通しがとても負担になります。

資料理解を求めるなら、謝礼もその負担を考慮して決めなければならないでしょう。オーダーメイドの服と吊しの既製品とでは価格が違うように、そうした負担の有無も謝礼額決定に際して考慮するのが望ましいでしょう。

※民間の講師派遣業などでは、講師の著名度に応じて謝金額を、A、B、Cなどにランク付けしている。意外な人物が高額なので驚かされることもある。

### ②労働対価ではなく、専門的知識・技術の提供である

次に、講師謝礼は、専門的な知識・技術の提供に対する対価だと認識すべきで、単なる労働に対する対価と考えてはなりません。つまり、講師は所要時間内に専門的な知識・技術を参加者に提供していることから、謝礼が支払われるのです。したがって、講演・指導時間の長短だけで謝礼額を決定するのは不適切です。講師等の専門性のレベルや専門内容なども考慮される必要があります。

### ③講師のステイタス使用の対価である

そして、謝礼は講師等のステイタス使用に対する対価です。講師等の肩書きや知名度を利用するために謝礼を支払うということです。

専門性のレベルに違いがなくても、大学教授と准教授では金額が異なったり、芸能人だと謝礼額は相当高くなったりするのはそのためです。実際、参加者は芸能人などの著名人を講師に迎えた研修を、話の内容はともかく、ありがたく感じるものです。

講師謝礼を決めるときには、少なくとも以上のような点に配慮することが望まれます。

## 3】謝礼額の決め方

それでは、実際に講師謝礼額をどう決めればよいでしょうか。言うまでもなく、それは予算的制約や講師謝礼額基準ですでに決められていることがあります。しかし、予算や基準を杓子定規に当てはめるだけでは、希望する講師の依頼が難しくなります。そこで、担当者に少しでも裁量の余地がある場合には、以下のような点を考慮して謝礼額を決めることが大切になります。

### ①テーマに関する専門性を考慮する

テーマによっては指導可能な人材が極めて少ない場合があります。**専門家が少ない分野においては、謝礼額を高めに設定する**※のが望ましいでしょう。

私が教育委員会に勤務したてのころ、英会話の指導者はあまりいなかったため若干講師料を高めにしましたが、高めの謝礼額が支払えなかった施設では日本語らしい英語を話す日本人講師しか依頼できませんでした。

また、新たなテーマを依頼された講師は、通常より多くの時間と労力を注ぐことになりますから、この点も考慮したいものです。

### ②会場までの往復に要する所要時間を考慮する

しばしば片道5時間以上の遠方から講師依頼があるとき、「役所の決まりで1時

---

※122頁の「費用法」を参照。

間当たり○○円です」と言われることがあります。その金額は近隣自治体の講師料並みですが、往復に10時間以上要するので、時間もとられ、肉体的にも大きな負担になるので、適切かどうか考えさせられます。

一般的に、外出特に遠方に出かけると、思わぬ出費があるものです。外食代や時間調整のための喫茶店代、自宅や先方への電話代、車中の飲み物代、タクシー代など余計な出費を余儀なくされます。

つまり、**遠方の講師に依頼するときは、往復の所要時間と肉体的負担なども考慮して謝礼額を決定すべきです。**普通の職員だと、地方出張の往復所要時間は勤務とみなされ、**※宿泊を要する場合**には日当が支給されますが、講師の場合にはそうした配慮がないケースが多いのです。謝礼額は、会場までの所要時間や宿泊の有無なども考慮するようにします。

### ③参加者数など事業規模に応じる

普通、興業主は、催しを計画する場合、講演・出演料を含めた費用を見込んで、参加者数を計りながら入場料を決めます。プロの歌手に、たとえば800万円でライブ出演を依頼して、観客数が何人なら収益が得られるかを考えるでしょう。いわゆる観客動員数を見込んで興業を計画するわけです。また、観客動員数がさほど多

※宿泊費の支払いの有無等もあらかじめ講師に伝えておく必要がある。

くないときには、出演依頼金額を下げてもらうこともあるでしょう。

後掲の講師謝礼一覧では、受講者100名以上は5割増し、500名以上は10割増しにすることが明示されています。このような配慮は必要でしょう。

## ④費用法を参考にする

ボランティア活動を金銭換算する方法として、機会費用法と代替費用法という2つの考え方があります。

### (1) 機会費用法

**機会費用法とは、その人が本来の仕事をする場合に適用される労働賃金で費用を評価する方法**のことです。

たとえば、弁護士に講演を2時間依頼したときには、弁護士の時給換算で謝礼額を決めます。現在、弁護士費用は一律ではありませんが、日弁連の調査によると、契約書の作成に2~3時間を要した場合、8割以上の弁護士は手数料5万円から10万円が相場だと回答しています※。仮に、資料作成時間を2時間として最低料金の5万円を当てはめ、これに講演時間2時間を加えると、最低でも合計10万円（5万円＋5万円。移動時間分を除く）になります。実際は10万円を下らないでしょう。

一方、一般的なサラリーマンだと、弁護士の費用よりも安めの謝礼額になる可能性が

※日本弁護士連合会「市民のための弁護士報酬の目安［2008年度 アンケート結果版］」。商品売買契約書の作成事案に対する書類作成手数料の場合

あります。弁護士の金額が適切かどうかは別として、機会費用法は以上のような方法で謝礼額を決定するわけです。

(2) 代替費用法

代替費用法とは、類似のサービスに従事している専門職種の賃金で換算する方法です。つまり、講演2時間ならいくらだという具合に、講師がどのような人であるかにかかわらず、あらかじめ金額を決めておく方法です。したがって、弁護士であろうと、サラリーマンであろうと、固定額にするわけです。その金

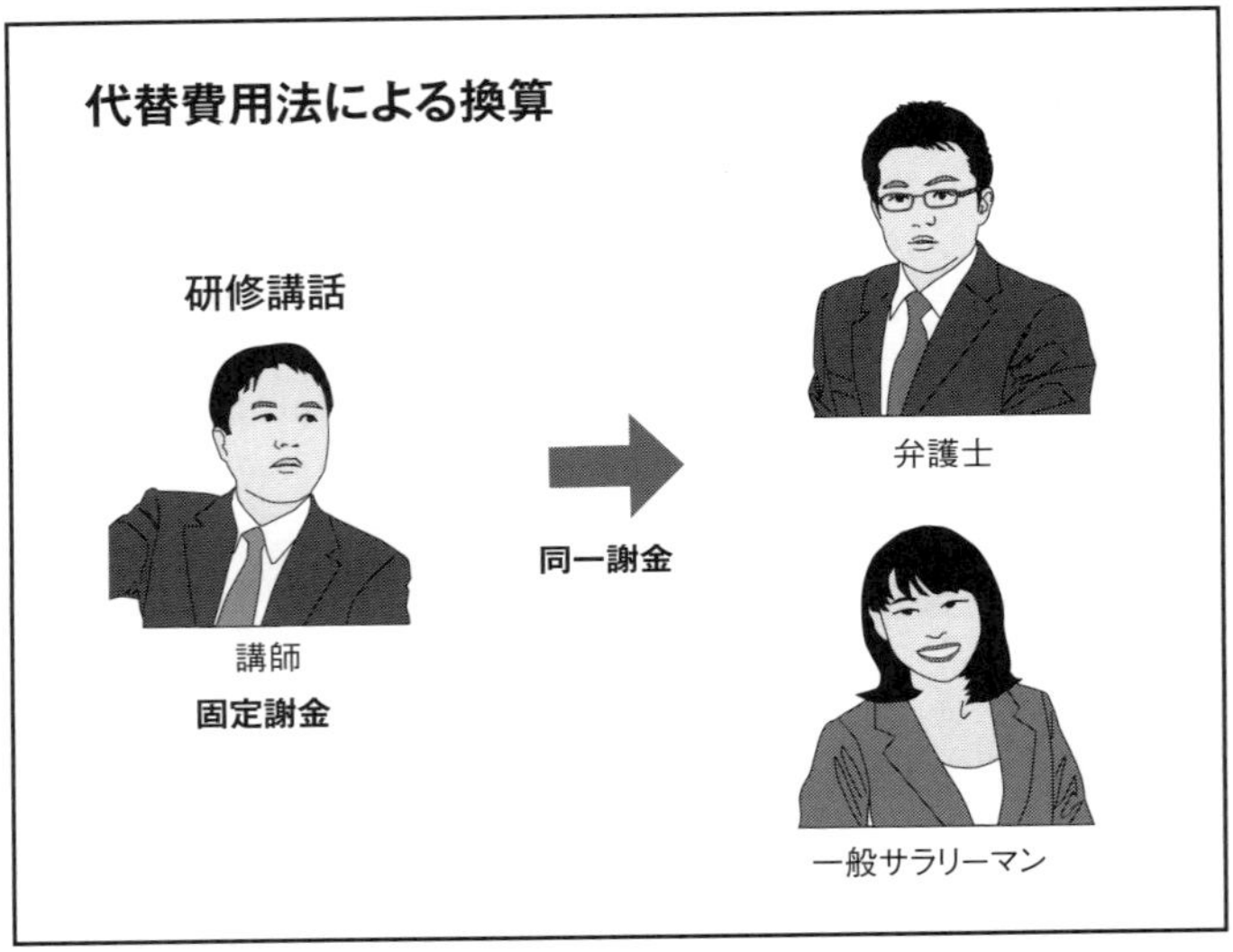


額の算定根拠は定かではないので、主催者が他の動向を鑑みながら任意に決定することになります。

それでは、機会費用法と代替費用法のどちらを選択すべきなのでしょうか。主観的な見方ですが、**民間企業**※などでは機会費用法に近い考え方を採用しているように思われます。そのためか、民間企業の研修の謝礼は行政の研修の場合よりも高額なのが通例です。

これに対して、教育委員会など行政が主催する事業では代替費用法で謝礼額が決定さ

※民間企業では、行政に比べて予算的な融通が可能だからだと思われる。

れる傾向があります。公民館講座よりも全市的規模の講演会の講師の方が高い金額設定にされることがあるからです。しかし、それはあくまでも財政状況に照らした額ですから、代替相場が十分に考慮されているわけではありません。

### (3) 機会費用法と代替費用法の併用─講師謝礼支払い基準の作成

そこで、地方公共団体などでは、機会費用法と代替費用法を併用する方法として、次頁の「講師謝礼支払い基準」（**表**）を作成し、適用する例が多いようです。

この基準で「1時間単価」を決めている点では代替費用法によりますが、「区分」の中で「A」から「E」までにラング付けているのは機会費用法によります。つまり、1時間の講演単価を設定（代替費用法）しつつも、大学教授と准教授、講師とでは給与（または指導の質やレベル）が異なるので、職級に応じて変える（機会費用法）わけです。

なお、この基準例のよい点は、単価を決めつつも、講演等の規模（受講生の人数）や交通負担（勤務からの距離）も考慮していることにあります。

表　講師謝礼支払い基準の例※

| 区分 | | | 金額（1時間単価） |
|---|---|---|---|
| **一般基準** | A | 大学教授、弁護士、医師、ジャーナリスト、著名民間学者 | **20,000円～50,000円** |
| | B | 大学准教授、民間専門研究家、民間企業管理層、官公庁局長級 | **15,000円～30,000円** |
| | C | 大学講師、高専教授、民間専門知識人、官公庁部課長級 | **10,000円～20,000円** |
| | D | 小・中・高教諭、民間技術者、高専准教授・講師、官公庁係長以下 | **7,000円～10,000円** |
| | E | その他 | **4,000円～8,000円** |
| **特別基準** | 一般基準による金額では、依頼することが著しく困難であると認められる者、またはその額では不適当であると認められる者 | | **別に定める** |
| **1　謝礼の割増し** | | | |
| 一般基準を適用する場合において、次の各号の一に該当する場合は、それぞれ当該各号に定める額および時間数を加算する。 | | | |
| （1）受講生が500名以上の場合は、その金額に10割を乗じた額 | | | |
| （2）受講生が100名以上の場合は、その金額に5割を乗じた額 | | | |
| （3）講師の勤務地（勤務地のない場合は住所地）が遠隔地の場合は、次に掲げる距離に応じた時間数を加える。<br>①　片道50km以上100km未満…1時間<br>②　片道100km以上…2時間 | | | |

※この「基準」中の「金額」は複数事例で数多く見られた金額の幅を示している。

## ⑤研修・講座の指導形態にも配慮する

講義とワークショップ指導では講師等の負担が異なります。講義では講師が特定時間中に絶えず話し続けますが、ワークショップでは机間指導※のように学習者の活動を見歩く時間も含まれるので負担はやや軽くなります。

ある教育委員会では、講義謝礼1に対して、ワークショップ謝礼を0.7掛けにして算出しています。しかし、遠方から呼んだ講師に、1時間の講義と1時間のワークショップを依頼した場合、講義の準備とワークショップの準備を別々にしなければなりません。さらに指導の動きを切り替えなければならないため、むしろ講義2時間よりも負担が大きくなるにもかかわらず、謝礼額が低くなるという矛盾が発生します。このようなケースでは同一金額にすべきです。

ただし、1日6時間のプログラムで講義とワークショップの両方を依頼する場合ならば、後者の謝礼を若干低額に抑えるのも不合理ではありません。

*

結論的に言えば、前掲した「講師謝礼支払い基準」のように、様々な点を考慮した支払い基準を作成しておき、これを適用しつつも講義とワークショップの扱いを適宜判断して謝礼額を決めるのが望ましいと思います。



※**机間指導**
学校の教室で教師が児童生徒に与えた学習課題の取組を机の間を回って確認、指導する方法のこと、以前は机間指導と呼ばれた。

# 3 講師依頼の方法──講師依頼のルール

〈講師依頼のポイント〉

■依頼はeメールでもよい。大学教員は電話だとなかなかつかまらない。依頼の時期は、3か月～6か月前が適切である。

■講師情報を細かく把握しておく。著書等を読み、感想など伝えながら依頼すると、成功率は高くなる。

■打ち合わせは必要最小限にする。当日の打ち合わせが必要な場合には、依頼時に到着希望時間を伝える。

■依頼がかなわなかった場合でも返礼する。安易に代替え探しを依頼しない。

## 1 依頼方法

### ①依頼する時期

講師のスケジュールの過密具合にもよりますが、実施日の1か月前以内の依頼は望ましくありません。多忙なベテラン講師だと、3か月前には予定が決まっています。一方、そうでない講師の場合、スケジュールが空いていても、1か月では十分な準備ができなくなるからです。

芸能人など超有名は別としても、一般的には、**3か月前～6か月前ごろに依頼するのがよい**でしょう。そのくらいの余裕があれば、講演準備を十分に行え、大学教員なら**授業の調整**※が可能になるでしょう。

⇒講師依頼は、3か月前から6か月前に行う。

## ②依頼に使用する媒体

依頼には、電話を用いるのが一般的ですが、時には文書を郵送したほうがよいこともあります。FAXやeメールを用いることも珍しくありません。これらのうちどれがよいかは相手と場合によるでしょう。

多忙な人は電話を嫌がるでしょう。著名人には電話よりも手紙が望ましいと思います。著名人が直接電話に出る確率は低く、それ以前に電話番号が伏せられていることが多いからです。丁寧さからみても手紙がベストですが、急を要するときには手紙は適切ではありません。手紙の場合には、切手を貼った返信用封筒を必ず同封します。

※最近の大学では、教員が休講にすると、補講を義務づけるところも珍しくないので、授業日に依頼されたら、補講日程を確保する必要がある。

**マネージャーをもたない多忙な人には、eメールが最適です。**依頼者にはeメールでの依頼が失礼だと詫びる言葉を書いて依頼事項を伝えてくる方が多いのですが、講師の立場に立てば、仕事中に何度も電話されるよりはましでしょう。

□**著名人には**……手紙で所属事務所等に郵送。その際には、返信先として電話番号やeメールアドレスを記しておきます。自身のHPに講演依頼関係のコーナーを載せている場合には、これを利用してeメールで依頼した方がよいと思います。

□**大学教員には**……大学HPの「研究者総覧」または「教員一覧」で当該教育の紹介ページを開き、そこにeメールアドレスが書かれていれば、eメールで依頼します。また、大学に電話を入れてもよいのですが、大学教員は授業や会議で自室（研究室）にいないことが多い※ので、研究事務室等に転送してもらい、授業日・時間などを教えてもらった上で、再度連絡します。依頼なので、折り返しの電話を求めてはなりません。根気が必要です。

□**大学以外の学校教員には**……午前中と昼休みは避け、なるべく放課後（16時以降）に学校に電話で依頼します。管理職など授業を担当していない教員はこの限りではありません。

□**弁護士など専門職**……事務所に電話で依頼します。本人が不在でも、事務所員等

※特に、講師を頻繁に依頼される教員は、出張のために、研究室等に在室していないことが多い。

が対応してくれます。eメールでの依頼でも問題ないが、面識や紹介のないケースでは手紙や電話のほうがよいでしょう。

**□その他の方には……**企業勤務者や医師、民間の専門家、地域住民などに対する依頼で困るのは、連絡先が把握しにくいことです。連絡先を知人などにたずねたときには、その旨を相手に伝えておくのがマナー。電話帳などで調べた場合にもその旨を伝えておきます。

**△eメールの返事が来ないとき……**送信してから、最低1週間は待ちます。それでも返事がなければ、電話連絡に変えるが、その際にはeメールで依頼した旨を伝え、必要ならeメールでの返信をお願いしておく。その上で1週間経っても連絡がなければ諦めます。そのとき、連絡できずに諦めた旨をeメールで伝えてから、次候補への依頼に移るよう留意します。

⇒依頼相手の職種や知名度などによって依頼の媒体を考慮する。

⇒電話依頼の場合でも、その後のやり取りはeメールを利用したほうがよい。

## 2」依頼条件の明示

私が社会教育主事だったとき、あるオリンピックの金メダリストに講演を依頼しました。講演当日、その金メダリストがよく通う治療院の整体師と一緒にその講師が、開始時間より1時間早い昼食時に来場してきました。その整体師は、教育委員会関係の**委嘱委員**※さんでした。

簡単な打ち合わせしたところ、その講師は、食事を用意してくれると聞いていたので、まだ昼食を食べていないと言うのです。これを聞いた私は「えっ」と思いましたが、上司と相談して急遽食堂に案内し、上司のポケットマネーで食事を提供しました。もし食堂がなかったらどうしようかと思いました。

後でわかったことですが、講師を伴った整体師の委嘱委員さんが勝手に食事が出るものと思い込み、講師にそう伝えていたのです（委嘱委員の会合では食事を提供していたからでしょう）。

このように、途中から関係者のような人が自分勝手に動くこともあるので、講師には依頼内容や留意事項を確実に伝えておきます。

それでは、どのような事項をどう提示したらよいのでしょうか。

「なにを↓どのように↓いくらで↓いつ↓だれに↓どこで↓なぜ」

よく研修・講座の趣旨と対象を最初に細かく話してくれる担当者がいます。そし

※**委嘱委員**
行政が市民に対して一定の役割を担わせるために委嘱によって就任される委員のこと。

て、話の最後のほうでやっと日時を伝えてくるのですが、その日に予定が入っているとと結局はお断りすることになります。丁寧なのは結構ですが、もう少し早めに日時を示してほしいと思います。

電話で依頼する場合には、以下の①から⑦までの順に必要事項を伝えるようにするとよいでしょう。

①**なにを**＝内容・テーマの提示→依頼相手の専門や経験などに周知している旨も伝えつつ、何を実施したいかを大まかに伝えておきます。ねらいについて、簡潔に説明します（詳しくは依頼の最後に）。ねらいを最初にきちんと伝えても、相手は日時などが気になるので、きちんと聞いていないことが多いのです。また、内容・テーマである程度ねらいは理解してもらえます。

②**どのように**＝講演・講義、演習、対談・座談会、シンポジウム、コーディネーターなど指導形態と指導時間の提示→講演など何時間依頼したいかを簡潔に説明します。シンポジウムやそのコーディネーター等を依頼する場合には、他の登壇予定者も伝えます。

③**いくらで**＝謝金等の提示（旅費支給の有無を含めて）→謝礼額とともに旅費支給の有無も伝えます。旅費が支給されるときには、飛行機使用や宿泊の可否も

知らせておきます。講演時刻によっては、食事提供の有無を伝えておく必要があります。

④**いつ**＝日時の提示→ここが肝心です。いくら趣旨を理解してもらっても、予定が合わなければ元も子もありません。

［「いくら」の後に「いつ」を伝えるようにすれば、講師が謝礼額に不満を感じていても、「いつ」を理由に断りやすくなります。「謝礼額が安い」とは言いにくいものです。］

⑤**だれに**＝対象の提示→教職員、保護者、企業社員、一般、管理職、新任、高齢者、女性、青少年など対象と参加予想数も伝えます。

⑥**どこで**＝会場の提示→会場となる施設名だけでなく、ホールや会議室などの具体的な使用施設も伝え、アクセス等も周知しておきます。

⑦**なぜ**＝趣旨の提示→事業のねらいを示し、どのような成果を期待しているかを説明します。これを最後に伝えるのは、「なにを」で、ある程度相手は察しているからです。

**［よくない例］**

担当者　○○先生ですか。初めまして、私は□市生涯学習課の△△です。突然のお電話で失礼いたします。このたび、○○という講習会を計画しています。

講　師　そうですか。

担当者　この研修会は○○を対象に、□□についての理解を深めてもらい、今後の教職員の意識改革を図ることをねらいに実施したいと考えています。本市では、まだまだこのテーマに関するよう実践が定着しておらず、そのために意識改革を図ることが課題だと考えております。

講　師　はい。

担当者　この研修会は一昨年度から実施され、最近は職員の間にも徐々にですが、成果が現れてきていると感じております。先生はこのテーマに関する著書も多く、県でもご活躍されていることを知りましたので※、ぜひ講演とコーディネーターをお願いしたいと思って電話いたしました。

講　師　はい。

担当者　場所は、◇◇で、△駅から車でお送りするよう手配いたします。ぜひお



※当該講師に依頼する理由やきっかけについて説明しておくとよい。

願いしたい思いますが、いかがでしょうか。

講　師　それはいつですか？

担当者　はい、○月□日の△時からです。当日は○時までにご来場いただければと思ってます。

講　師　その日のその時間は他の研修会の講師を依頼されていますので、申し訳ありませんが、お引き受けできません。

担当者　そうでしたか……。また機会がありましたときには、よろしくお願いいたします。（内言で）丁寧に説明しても意味がなかった。疲れた…。

講　師　はい…。（内言で）いままで長々と話を聞かされたのは何だったのだろう？？？疲れた…。

**［よい例］**

担当者　□市教育委員会△課の○○と申します。このたび、○○というテーマで講師をお願いしたいと考え、電話いたしました。

講　師　そうですか。

担当者　そこで、○○がご専門の先生には、○時間ほどご講演をお願いしたいと考えました。（間をおかずに）[※]当方では、ご講演の謝礼として、些少ではありますが、○○円ほど用意させていただきたいと思います。

講　師　わかりました。それはいつでしょうか。

担当者　○月○日の○曜日の午後□時から2時間お願いしたいと思っております。ご都合はいかがでしょうか。

**×不成立の場合×**

講　師　せっかくのお声かけですが、その日はあいにく予定が入っており、都合がつきません（謝礼額が満足いかない場合でも、このように断ることができる）。

担当者　そうでしたか。もっと早めにお願いすればよかったようですね。残念ですが、また機会がありましたときにはぜひお願いしたいと思います。

講　師　その節はよろしくお願いいたします。

担当者　今度とも、どうぞよろしくお願いいたします。



※ときどき、「たいへん申し上げにくく、失礼だと思うのですが…」と前置きしてから謝礼の話をもち出す担当者がいる。しかし、このやり方だと、相手の反応を探ろうとしているかのように感じられるので、避けたほうがよい。

○成立の場合○

講　師　その日の午後ならお引き受けできます。

担当者　ありがとうございます。これは、ＰＴＡを対象にしていますが、地域の方々も参加する予定です。だいたい、３００名くらいの参加を見込んでおります。

講　師　わかりました。会場はどこですか。

担当者　はい。市内の教育センターのホールを予定しております。□駅から徒歩15分程度ですが、駅まで公用車でお迎えにあがります。終了は○時で、駅まで公用車でお送りいたします。

講　師　それでは予定させていただきます。

担当者　ありがとうございます。この講演では、ＰＴＡや地域の方々に◇◇についてご理解いただき、□□の活動に積極的に参加してもらえるような意識を高めることをねらいとしていますので、先生にはそのような視点からお話いただければと思います。

講　師　なるほど。その旨、留意して準備しておきます。よろしくお願いいたします。

担当者　必要な機器等がありましたら、後日、お知らせください。また、レジュメ等の資料について5日前までにお送りくだされば幸いです。それでは、どうぞよろしくお願いいたします。どうもありがとうございました。

⇒開始時間だけでなく来場時間と終了時間も伝えておく。

⇒日時と謝礼額がポイントになる。

⇒講師が断ることができるような配慮も大切。

## 3　依頼文書の送付

その後、講師にはテーマ、日時、会場、連絡先などを記した依頼文書を郵送（またはeメール送信）します。所属長宛文書の必要の有無も確認しておき、必要なら送ります。

## 4　事前の打ち合わせ

依頼がかなったら、講師との打ち合わせに入ります。いつもお願いしている講師や遠方の講師には直接の打ち合わせを省略することもあります。

ベテラン講師の某大学教授は、「打ち合わせが一番負担だ」と言い切ります。日時の調整、当日の研究室整理、打ち合わせ時間の確保で帰宅が遅れ、研究時間が不足するからです。講演当日には、開始前に打ち合わせのために、かなり早めの到着を求められます。

多くの大学教員は、授業と会議、学生指導以外の時間は拘束されない、いわば自由な研究時間ですから、打ち合わせ時間はその時間を割くことになります。

たしかに、打ち合わせが不可欠な場合もありますが、必要性を感じさせない場合も少なくありません。**本当に必要な場合だけに絞り、ポイント[※]を押さえた効率的な打ち合わせにしたい**と思います。可能なら、eメールや電話で打ち合わせをすませたほうがよいと思います。

そうは言っても、打ち合わせが好きな講師も存在します。相手の反応を見ながら打ち合わせ方法を検討しましょう。

⇒不必要な打ち合わせは控える。

### Column

タレント兼作家の著名人に講演を依頼したときのことです。著書が数十冊あったので、図書館からそのうち15冊を借り出して、通勤時間に読みふけりました。

そして、会場を12か月先まで仮予約した上で、著書を読んだ感想を含めて作成した依頼文書を郵送したところ、ご本人から直接返事が来ました。「○月○日の午後ならお引き受

※あらかじめ、打ち合わせ事項を1枚の用紙に記入しておくとよい。

けいたします」という内容でした。

提示謝礼額は相場の10分の1程度でした。結局、講演会は、参加者が申込者の120％にもなり（飛び入りが多いため）、その評判もよく大成功でした。

後日、区長部局の知人が、2倍以上の謝礼額で、その同じ講師に依頼したところ無碍に断られました。事務的な依頼だったからのようです。

私の依頼がうまくいったのは、その講師の著書を読んで感想を依頼文に添えたことによるのだと思います。

別の講演会で、ある著名な動物園長に破格値で依頼したときも、園長さんは依頼が丁寧だったから、この金額でも引き受けたと語ってくれました。依頼者の姿勢が諾否に強く影響するものです。

## 5 依頼を断られたとき

講師依頼を断られたときにどう対応したらよいでしょうか。

最近、ｅメールで講師依頼が来ることが少なくありません。どうしても日程調整ができなかったのでお断りのメールを送信しても、その後何も返事がこないことがあります。承諾を得られなくても、返事を送るのが礼儀です。

私の教育委員会勤務時代にはｅメールはなかったので、電話や手紙で依頼するしかなかったのですが、電話依頼の場合には、承諾が得られなかったときでも、後日、依頼の失礼を詫びる手紙を送ることにしていました。

ある著名な教授は、私が送ったその手紙に対して、承諾しなかった理由を記したハガキを送ってくれたことがあります。これを契機に、その教授は、破格値の謝礼にもかかわらず、何度か講師を引き受けてくれるようになりました。

反対に、依頼しっぱなしにすると、もうその講師は引き受けてくれなくなる可能性もあります。断られても丁寧な連絡をとれば、むしろ人的ネットワークが拡大することを頭に入れておくことが大切なのです。

また、断られたからと言って、安易に替わりの講師の紹介を求めるのはよくありません。依頼された方は、「誰でもよかったんだ」と思い、あまりよい気分にはなりません。もし代替講師のあてがないときには、少し時間をおいてから紹介を求めるのがよいでしょう。

⇒断られても、必ず返事を送る。

⇒断られた講師に、他の講師の紹介を請うときには、少し間をおく。

# 6

研修・講座のつくりかた

# 広報とチラシづくりの工夫

本章では、学習事業の魅力ある広報とPRの方法について述べます。教育委員会の生涯学習関係課ではより広い市民に学習プログラム参加を呼びかけるために、また、企業や行政の職員研修には目的意識をもって参加してもらうにはどのような点に配慮したらよいのか。基礎理論を踏まえながら、主としてチラシづくりに焦点を当ててそのノウハウについて解説していきます。

# 1 広報の工夫

■広報用のチラシなどは単に内容を掲載しただけでは読まれにくい。相手が興味・関心や必要性を感じず、あるいは紙面にインパクトがないからである。この点に配慮した工夫が求められる。
■コミュニケーションは、S（送り手）・M（メッセージ）・C（媒体）・R（受け手）のプロセスに従うが、これらのどこかにノイズが発生すると相手に情報が届きにくい。これら各段階の点検を試みる。

## 1 読まれるための工夫

広報紙は対象者に向けて作成し発信しても、読まれるどころか見てくれないことすらあります。その原因には、①受け手に興味・関心がない、②受け手が必要性を感じていない、③広報媒体にインパクトがない、などが考えられます。

情報は「流し素麺」にたとえられます。竹筒の上方から下方に向けて流される素麺は、食べようとする人なら箸で取れますが、油断していると流れ去ります。箸を持っていない人は流れる素麺をただ見るだけで、取ることができません。また、食欲のない人は箸を掴んでいても素麺を取ろうとしないのに対して、食欲旺盛な人は箸を頻繁に使って多くの素麺を取ろうとするでしょう。

情報という素麺が流れていても、タイミングを外せばこれをキャッチしそこない、パソコンという箸がなければホームページの情報をとらえられないのです。情報に関心がない人は情報をキャッチしようとしませんが、その関心の高い人は様々な方法で情報収集に努めます。

そこで、多くの人の関心を引きつけるためには様々な工夫が必要になります。素麺にも赤色や緑色の麺が混ざっているほうが飽きないのと同じように、魅力をもたせるのです。そのためには、デザインの工夫が必要になります。

## 2 S-M-C-Rの配慮

コミュニケーション論では、コミュニケーションの過程をS－M－C－R※ととらえ、そのいずれかの過程に歪みがあると、コミュニケーションをうまく図れないと言われます（**図1**）。S＝「送り手（Sender）」、M＝メッセージ（Message）、C＝「チャンネル（Channel）」、R＝「受け手（Receiver）」のことです。※

※**S-M-C-R**
これに「E」（Effect）を加えて、「S－M－C－R－E」とすることもある。杉田敏『人を動かす！話す技術』PHP新書、2002年

※たとえば、清水英夫・林伸郎ほか編著『マスコミュニケーション概論』学陽書房、1974年

このうちS（送り手）の歪みとは、たとえば、行政の広報紙だから当然住民は目を通しているだろうという意識（歪み）のことで、広報紙面を工夫しようとする感覚が薄れることになります。その結果、情報が正確に受け手に届きにくくなってしまいます。

しばしば広報関係者は、広報やホームページで情報を流しているから、相手はきっと読んでいると思い込んでいることがあります。そのため、事務的で味気ない記事が広報に掲載されることになります。

送り手は、相手の目に留めてもらい、読んでもらうように工夫します。重要な情報の場合には、紙や文字の色、レイアウトを変えるなどの工夫が必要になります。

M（メッセージ）の歪みは、伝達内容の曖昧さのことなどです。以前、「車内での携帯電話の使用はご遠慮ください」というメッセージをよく聞きましたが、これを守る人は少ないようでした。なぜでしょうか。

携帯電話の「使用」とは何を意味するのか、通話のことか、電源をONにすることなのか、メールもダメなのかがまったくわからないからです。また、「遠慮」は禁止とは違うのだろうから、遠慮深くない人は使用してもよいではないかと屁理屈をつけたくなるからでもあります。そこで、最近では、「通話」しないよう明示し、

図1　コミュニケーションのプロセス

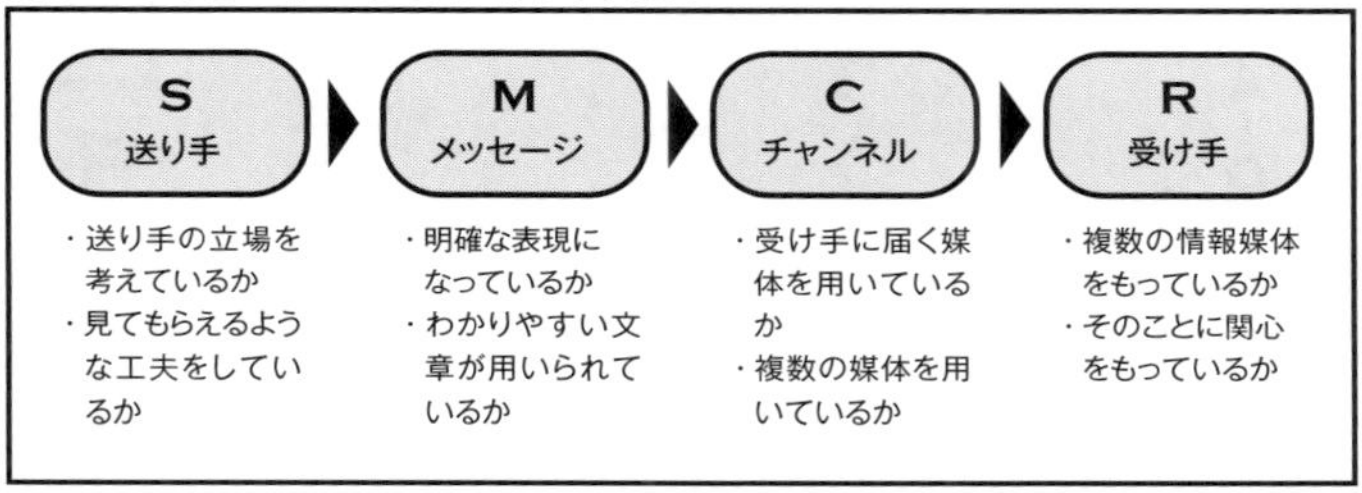


優先席付近では電源をオフにするようメッセージを明確にするようになりました。

**C（チャンネル※）の歪み**は、単一の媒体で事をすまそうとすることによって生じます。

よく自治会の回覧で住民に情報が届いていると考える役所職員がいますが、回覧を丹念に読む人は限られています。ホームページ上の情報も、パソコン等の電子機器を使わない人には届かないでしょうし、掲示板の情報はこれを見る習慣のない人には見過ごされやすいものです。

**R（受け手）の歪み**は、情報媒体の有無だけでなく、情報への関心の高低に影響されます。「流し素麺」のたとえで言えば、「食欲のない」状態だと、この歪みが生じます。

以上の「歪み」をなくすために、次に学習事業の広報媒体である魅力あるチラシづくりを考えます。



**※チャンネル**
この場合は、コミュニケーションを図る媒体を意味する。紙媒体以外に、電子媒体が多く用いられるようになった。

# 2 チラシづくりのポイント

- ■ＡＩＤＭＡの法則を踏まえた工夫が大切である。
- ■「チラシ※の発信目的－読み手に期待する行動－デザイン要素」に対応した工夫が必要になる。
- ■チラシ紙面は、読み手の目の送り順であるＺの法則に従うとよい。
- ■コピーにはキャッチコピーとボディコピーがある。ボディコピーは、ベネフィット（訴求点＝利点）と概要説明から成る。
- ■学習プログラムに関する5Ｗ1Ｈ1Ｍを盛り込む。
- ■イメージは、色・文字・絵図の要素で構成されるので、これらの工夫が必要である。

## 1 ＡＩＤＭＡとＡＩＳＡＳ

ＡＩＤＭＡとは、アメリカ人のローランド・ホール（Samuel Roland Hall）に

**※チラシ**
最近は「フライヤー」（Flyers）と呼ぶことが多い。類似語に、リーフレットやパンフレットもあるが、リーフレットはあくまでも1枚刷りの印刷物を言う。パンフレットは、綴じた小冊子のこと。

よって提唱された消費行動のプロセスです※。それは、左記のAからAに至るプロセスを5段階で示しています。

A（Attention 注意）→I（Interest 関心）→D（Desire 欲求）→M（Memory 記憶）→A（Action 行動）

まず、チラシ広告を認知する段階「注意」を経て、「関心」をもてば「欲しい」という欲求が湧き、商品などを「記憶」しておきます。そして、実際に「買う」という行動段階に移ることになります。

このプロセスを研修・講座での学習行動に応用してみましょう。まず、学習希望者は、広報やチラシに目を向けます（Atention）。チラシの場合には、注意を引くためには紙面が魅力的でなければなりません（次に述べる「Zの法則」を参照）。

次に、チラシに目が止まれば、学習プログラムの内容を見ることになります。何を学べるのかを読み取り、興味・関心を抱きます（Interest）。

興味・関心をもち、日時などの条件がそろえば「参加したい」（Desire）という欲求が生まれます。

**※Samuel Roland Hall' *Retail Advertising and Selling***

なお、ローランド・ホールは、A-DMAを提唱する以前には、広告を作成する場合には、①好意的な関心を引きつける段階（to attract favorable attention）、②興味を掻き立てる段階（to develop interest）、③信頼を生み出す段階（to create confidence）、④納得させる段階（to convince）、⑤行動を起こさせる段階（toinduce action）を踏まえることを提唱していた（Samuel Roland Hall (1915),*Writing an Advertisement*, Houghton Mifflin Company, 45）。

そして、研修・講座の日時・会場、申込先などを記憶すること（Memory）になります。そのためには、主催者（チラシ作成者）は必要以上に大きなチラシでないこと、できれば両面印刷は避けることなどに配慮します。

以上のプロセスを経て、実際に申し込み・参加に至る（Action）わけです。

また、近年は、電通によってA-SASモデルが提案されています。※これは、「検索」や「情報共有」が大きな決定要因になることを考慮したもので、AIDMAに変わる新しいモデルだとされています。

A（Atention 注意）→I（Interest 関心）→S（Search 検索）→A（Action 行動）→S（Share 情報共有）

このモデルは、どこかで見たチラシに書かれた学習内容を漠然とした意識で注目し、興味をもったので情報を検索し、参加するような場合に当てはまります。そして、S（Share）は学習後の口コミ的な感想などとなります。

ここでは、AIDMAの法則に従って、チラシ作成について述べていきます。

※電通S・P・A・Tチーム編『買いたい空気のつくり方』ダイヤモンド社、2007年、18、19頁

**2」チラシの機能**

**表1**を見てください。左欄にはチラシ発信の目的が、ＡＩＤＭＡの順に書かれ、その中央には期待する読み手（学習希望者）の行動を書いてあります。その期待する行動を促すために必要なデザインの要素を右欄に記しました。

表1　チラシの機能とデザインの要素

| チラシの発信目的 | 期待する読み手の行動（学習希望者の行動） | デザインの要素 |
|---|---|---|
| **注目させる A（Atention）** | **目につく、気づく** | **キャッチコピー、色彩、形、イラスト** |
| **関心をもたせる I（Interest）** | **内容が理解できる** | **概要説明のコピー、写真、イラスト** |
| **欲求を喚起する D（Desire）** | **意味がある、役に立つ** | **ベネフィットのコピー、データ、サンプル** |
| **記憶させる M（Memory）** | **記憶する、覚えられる** | **要約されたコピー（5W1H1M の要約）** |
| **行動を促す A（Action）** | **参加する** | **仕掛け（先着順、無料、保育付など）** |

※南雲治嘉『パンフレットデザイン』（グラフィック社）を参考にして作成したもの。

まず、「注目させる(A)」ことは読み手の目につき、気づくことを期待するので、キャッチコピーや色彩、イラストを工夫しなければなりません。「関心をもたせる(I)」ためには読み手の内容理解を期待し、そのために概要がしっかり説明され、あるいは写真やイラストで内容を効果的に表すことになります。「欲求を喚起する(D)」のは読み手に意味や有用さを感じてもらうこと※を期待し、これに適したべ

※訴求点の表現がポイントになる。「何を行い」「何ができるようになり」「何が得られるか」などを効果的に表現する。

ネフィット（利点）のコピーや有用性を証拠づけるデータやサンプルを盛り込みます。

そして、「記憶させる(M)」ことは、読み手が記憶することを期待しますが、そのためには覚えられなければなりません。長いコピーだと覚えにくいので、コピーを要約しておく必要があります。

最後に、「行動させる(A)」とは学習プログラムへの参加を期待し、そのために何らかの「仕掛け」を行うことになります。「仕掛け」には「先着順」「無料」ないしは「低料金」「保育付」「修了者授与」などがあります。

このように、「発信目的―期待する読み手の行動」をとらえて、それぞれに適したデザイン要素を考えることが大切になります。

### 3】Zの法則（Nの法則）

人間の視線の流れの一般的なパターンを示した「グーテンベルク・ダイヤグラム」という図式があります。これは**図2**※に表したように、横書きのチラシの場合には、上方左側の「最初の視覚領域」、上方右側の「強い休閑領域」、下方左側の「弱い休閑領域」、下方右側の「終着領域」という4つの区画に分けるものです。図中では、上方左側「最初の視覚領域」からナナメ右下の「終着領域」に矢印を記して

※William Lidwell, Kritina Holden, Jill Butler 著、小竹由加里、（株）バベル訳『Design Rule Index-デザイン、新・100の法則』㈱ビー・エヌ・エヌ新社（2004年）を参考に作成したもの。

図2　横書きの場合

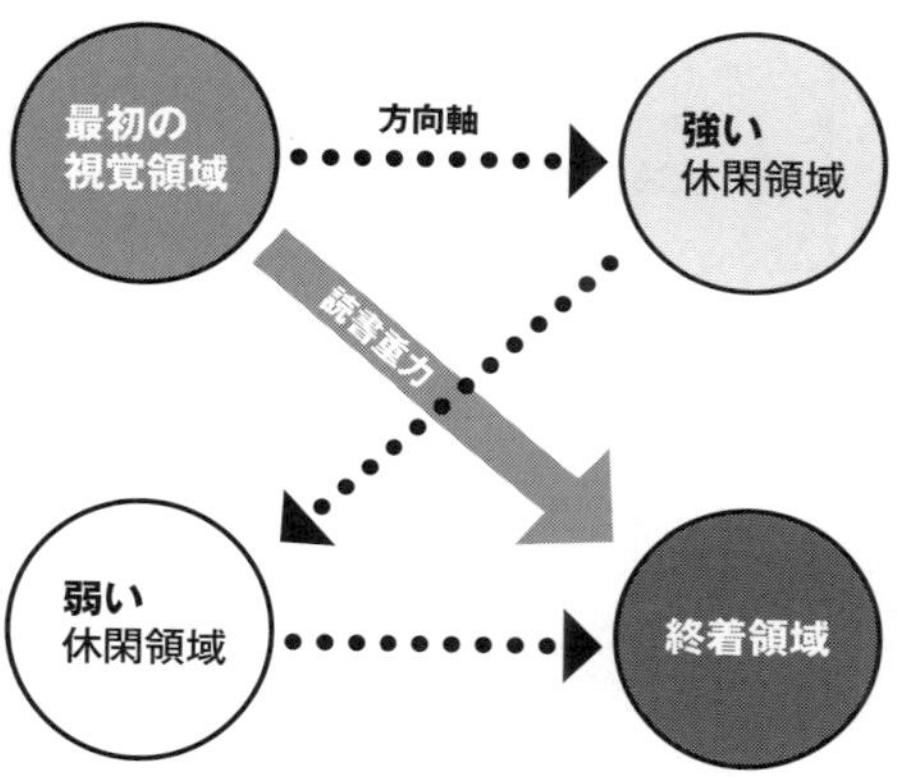


※　William Lidwell, Kritina Holden, Jill Butler著、小竹由加里、(株)バベル訳『Design Rule Index-デザイン、新・100の法則』(株)ビー・エヌ・エヌ新社、2004年)を参考に作成

ありますが、これば読書重力を表しています。つまり、ざっと目を通すときには、重力に引きつけられるように、左上から右下に目線が移動することを意味します。いわゆる「斜め読み」の視覚移動です。

そして、このダイヤグラムの「休閑領域」を意識し、少しゆっくりと読み進めると、読み手の視覚は、上方左側「最初の視覚領域」⇓上方右側「強い休閑領域」⇓下方左側「弱い休閑領域」⇓下方右側の「終着領域」という順に流れるものとされます。これは視覚がZのように移動（図中の点線矢印の流れ）することから、「Zの法則」や「Z型プロセス」と呼ばれます。

そして、普通、上方左側（最初）に記された情報と下方右側

図3　縦書きの場合

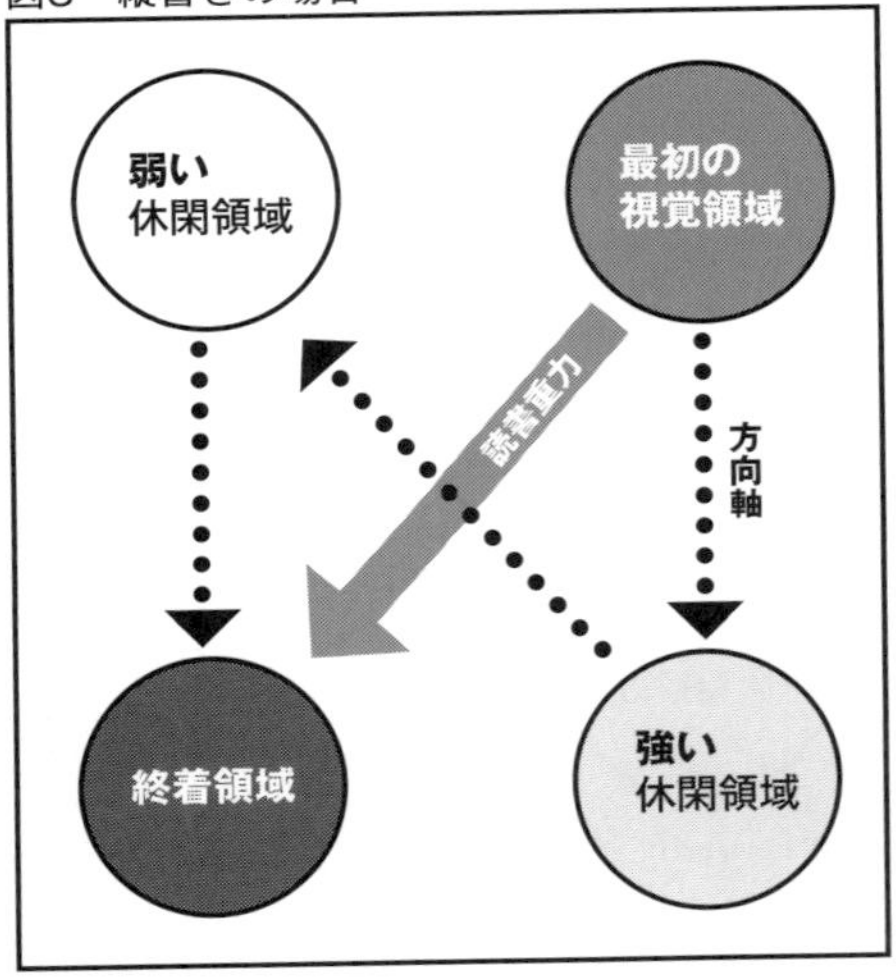


（終着）の情報が記憶に残りやすいという「系列位置効果※」があると言われます。ちなみに、縦書きならば**図3**のような「N型」の動きになるでしょう。

これらルールは、**均一※に配置された同質の情報を読む場合を**前提とされていますが、特にZの法則を応用して、イラストなど文字情報以外の情報の配置にも適用できます。

その場合、ＡＩＤＭＡのプロセスも考慮しておきます。すると、横書きの場合には、まず左上部にアイキャッチを盛り込んで、読み手の注目（Atention）をとります。吹き出しにキャッチコピーを入れたり、魅力あるイラストを入れたりします。**イラストは、学習内容を意味するものでなければなりません。**

次に、学習プログラムで関心を引きつけます（Interest）。それは単に表に文字

---

**※系列位置効果**
単語などの情報が提示されている場合、その配置や順序によって再生（記憶を呼び戻すこと）しやすくなること。最初に配置された情報と最後に配置された情報が再生されやすい。それらは、「初頭効果」（最初）と「親近効果」（最後）と呼ばれる。
参考：鎌原雅彦・竹綱誠一郎『やさしい教育心理学』有斐閣アルマ、１９９９年４、５頁

※単語リストや新聞の紙面をイメージ。

図4　プログラム部分の表現例―五輪―

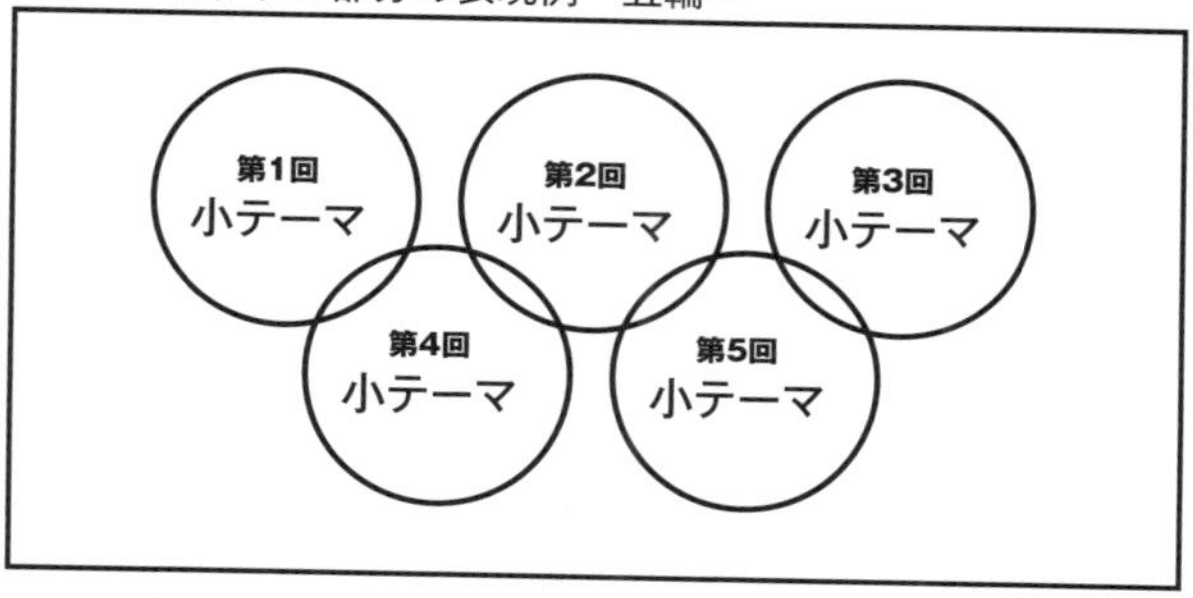


図5　プログラム部分の表現例―風船―

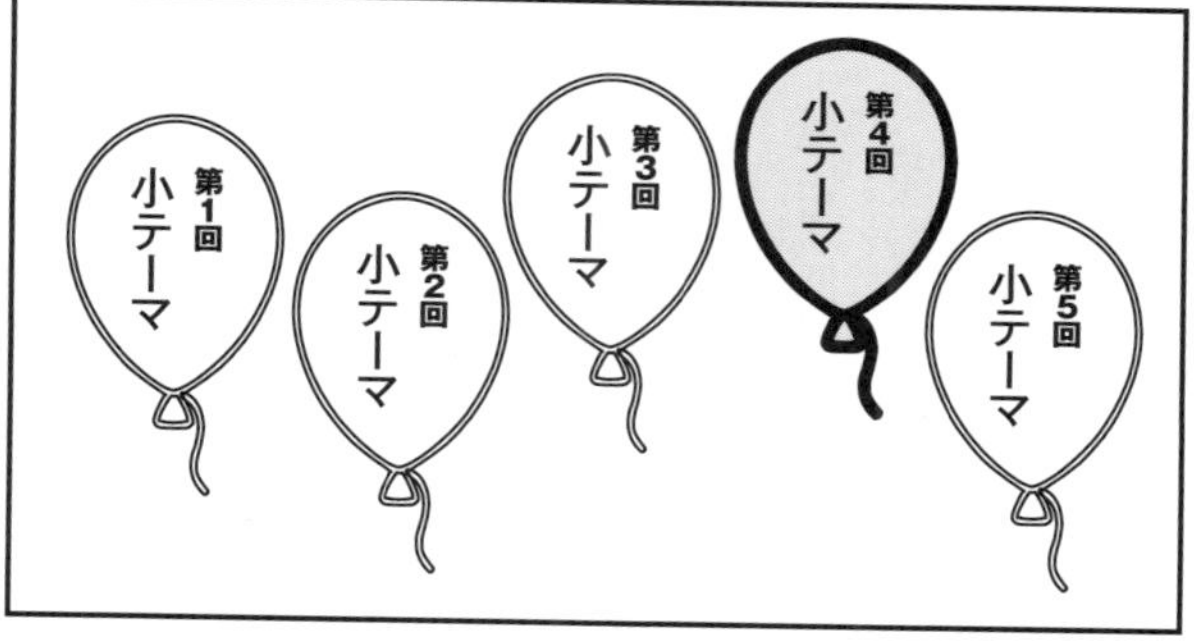


を羅列するよりも、デザインを工夫するようにします。**図4、5**のように少し凝ってみてもよいでしょう。※

そして、「参加したい」(Desire)という気持ちにさせるには、学習内容だけでなく、日時、会場、講師・指導者、費用などの条件がそろわなければなりません。したがって、それら情報が読みやすいよう工夫します。

※行政主催事業のチラシは、単なる「表」形式でプログラムを示している例が少なくない。ひと工夫が必要。

学習内容に関しては、「何を行うのか」「何ができるようになるのか」「(資格など)何が得られるのか」などを確実に伝えておく必要があります。このことは、次に述べるボディコピーの「**ベネフィット**(**訴求点＝利点**)」によって表現することになります。

**学習情報の記憶(Memory)で一番大切な情報は「申込先※」**です。会場と申込先が異なる場合には、特に「申込先」は目立つように表現し、グーテンベルク・ダイヤグラムの「終着領域」(右下部)に配置するとよいでしょう。こうして、学習者は申込み・参加(Action)に至ることになります。

なお、チラシがラック等に並べられたときに、下部のチラシと重なることがあります。そこで、Zの法則のとおり、**上部に講座のテーマなどを目立つように記しておくことが大切になります。**縦書きの場合は、テーマをできるだけ上部に上げるか、チラシ構成の例外として、上部のみを横書きのテーマにするなどします。

## 2」チラシの文字情報の構成

### ①キャッチコピー

チラシには、文字情報を入れることになります。

文字情報には、5W1H1M(何を、いつ、どこで、誰が/誰に、いくらで、な

**※申込先**
申込み方法と、そのために必要な情報を示しておく。
ハガキ申込み＝住所、電話申込み＝電話番号、窓口申込み＝アクセス方法などを目立つように記す。

**ぜ、どのように）の情報を盛り込みます。**これら要素の順序に注意してください。最初に、「何を」に関心をもち、次に「いつ」に注目して、「どこで」以下に関心が移ります。教育委員会の担当者には、「なぜ＝趣旨・ねらい」が重要だと考え、これを最初の方に記すことがありますが、読み手はそれをさほど意識していません。「何を、いつ、どこで」のほうに関心が向く傾向があります。

そのうち、「何を」または「どう」に関する情報は、**キャッチコピーとボディコピー**で表現します。

**キャッチコピーは、相手の注目（Atention）を引きつける文言のこと**ですから、紙面の上方左側の「最初の視覚領域」に置きます。商品広告では、「期限限定」「閉店セール」など簡潔な情報がそこに配されています。「外国旅行も怖くない！」（英会話教室）、「冷蔵庫の食材で作る簡単メニュー」（料理教室）など学習内容を表したコピー、「午後8時開講！　働き者も参加できます」など実施条件を提示したコピー、「今日から、お父さんも料理人」など対象を意識させたコピー例などがあります。以前、「駅前留学」を強みにした英会話教室のコピーが有名でしたね。

ただ注意しなければならないことがあります。たとえば、※「少し愛して　ながーく愛して」「くう　ねる　あそぶ」「出かけるときは、ワスレズニ！」は有名なキャッ

※ウェブサイト「CMのキャッチコピー集」より引用。http://matome.naver.jp/odai/2125907424340872069

**最低限盛り込む必要がある情報**

**キャッチコピー**

ボディコピー

・ベネフィット（利点）

・プログラムの概要説明

学習プログラムの表示（5W1H1M は必須）

**問い合わせ・申込先**

チコピーですが、どの商品の宣伝がわかりますか？ そのコピーと同時代の人の多くは、「聞いたことがあるけど、何だっけ？」というところではないでしょうか。

また、「きれいなお姉さんは好きですか？」や「24時間戦えますか？」は何となく商品がイメージできます。「きれいなお姉さん」だから美容関係商品のようで、「24時間戦う」のだから健康系食品ではないだろうかと。しかし、商品を特定しにくいでしょう。

その点、「キンチョーの夏、日本の夏」「スカッとさわやかコカ・コーラ」「やめられないとまらない、カルビーかっぱえびせん」などは商品名をズバリと盛り込んでいるので、具体的な商品が記憶に残りやすいのです。

**つまり、キャッチコピーから学習内容や条件などの「売り」※を把握できるようにすることが大切**なのです。イメージ先行だと、「わけのわからない」コピーになってしまいます。

※**売り**
訴求点のこと。

### ②ボディコピー

ボディコピーはいわば本体となるコピーですから、訴求対象に理解されるよう簡潔な言葉でまとめる必要があります。これは、ベネフィット（訴求点＝利点）と概要説明から成ります。

ベネフィットは、研修・講座のメリットを表した効能書きのようなコピーのことで、資格取得や学習成果などを記します。

学習成果については、神奈川県の施策例が参考になります。神奈川県が推進している「３０３３運動」※（サンマルサンサン運動、1日30分・週3回・3か月間運動を奨励）という施策があります。このベネフィットコピーに相当するのが「あなたの身体が『ヨミガエル』『ミチガエル』『ワカガエル』実践内容満載です！」となります。運動（学習）成果が伝わってきますね。

さらに、「不眠、食欲不振、便秘等の予防や改善により、からだも心もさわやかに、若々しく、活動的で充実した日々を実現」「生活習慣病（糖尿病、虚血性疾患、肥満、高脂血症、高血圧、動脈硬化）の予防や改善」などの効能が7つ並んでいます。

一方、概要説明のコピーは、具体的に何を行い、何をねらいとするかを簡潔に表

※**「３０３３運動」**
神奈川県が、平成16年度から、神奈川県スポーツ振興指針「アクティブかながわ・スポーツビジョン」の重点プログラムとして取り組んでいる施策。

広報とチラシづくりの工夫
1 2 3 4 5 6 7 8 9 10

したものです。神奈川県の同じ例を示しておきましょう。

■運動する時間■
運動効果を高めるための目安として、1日30分（10分程度の運動を合計して30分でもよい）気軽に身体を動かしましょう。
■運動の頻度■
週3回、できれば2日に1回ずつ行うことが、生活習慣病の予防や改善などの運動効果を期待できる目安です。
■運動の継続期間■
3か月間継続することで、「体力が向上した」「体調がよくなった」などの運動の効果が現れてきます。※また、運動習慣も身につきます。

文字数を短くしているチラシには、「1日30分、週3回、3か月間継続して運動やスポーツを行い、運動やスポーツをくらしの一部として習慣化していただく活動」という具合になっています。

※「効果が現れてきます」の部分がエビデンス（証拠）になっている。

文章は、訴求対象（受講者）に合わせた表現を工夫して、ワンセンテンス※は22字以内が適切だとされます。センテンスが長いと、読むのが面倒になります。

## 4］イメージの構成

イメージには、文字※、色、絵図という3つの構成要素があります。これらのうち文字と絵図を1枚の紙面にどう配置するかを検討することになりますが、その際には大きさも考慮しなければなりません。さらに、文字ではフォント（書体）も工夫する必要があります。これらが決まれば、文字と絵図に色を配することになります。

図6

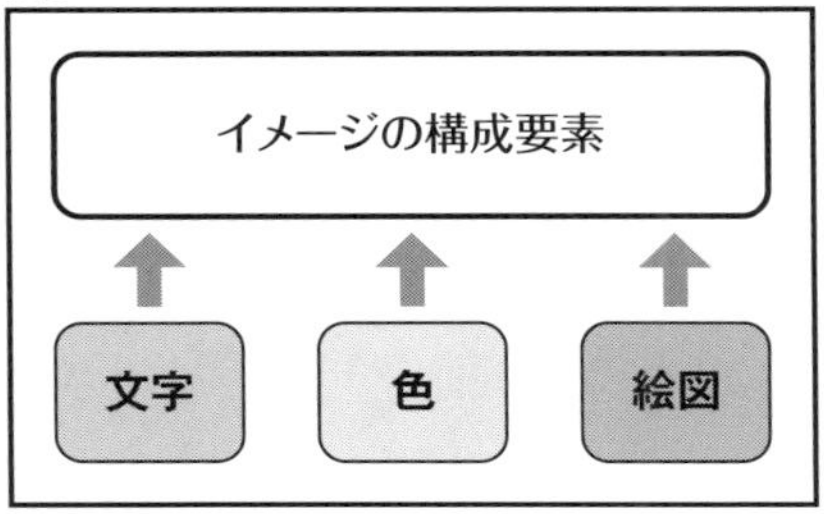


### ①文字の決定

コピーが決まれば、これをチラシの紙面に適切に配置していきますが、その際、文字の大きさとフォントを検討します。

コピーなど文字の中でアピールした部分は大きめにし、必要に応じて地の文と異なるフォントを用いることになります。キャッチコピーは大きめにして、

※石原雅晴『発想するコピーライティング』宣伝会議、2002年より。

※南雲治嘉『パンフレットデザイン』グラフィック社、2004年、52頁

ボディコピーは小さめにします。キャッチコピーには文字飾りを加えてもよいのですが、**ボディコピー**[※]ではそれを避けたほうがよいでしょう。

フォントについては、ワープロソフトの普及によっていろいろと試すことが可能になりました。普通、明朝体系とゴシック体系に分かれますが、ポップ系や毛筆系など多様なタイプが使われるようになりました。

**文字量が多い場合には細字**を使い、少ない文字で**インパクトを与えたいときには太字**にします。基本的なコピーは明朝体の細字が適切です。フォントに懲りすぎると、ガチャガチャした印象を与えてしまいます。

## ②色の決定

### ⓐ文字色と背景色

色の決定には、2つの側面を考慮することが大切です。1つは、文字色と背景の関係の適否という側面です。これには**可読性**と**誘引性**という視点があります。[※]

**可読性とは、文字を読みやすくするためには何色の背景が適切かという視点**のことで、文字色と背景色とのコントラストの強さに影響されます。背景色に薄い色彩を用いるのなら文字色は濃い色彩にし、反対に背景色を濃いめにする場合には文字色を薄い色彩や白抜きにすると文字が読みやすくなります。

---

※ボディコピーは、明朝体を基本とし、場合によってはゴシック体、丸ゴシック体を用いることがある。悪戯にフォントを変えずに、統一したほうが読みやすい。

※南雲治嘉『パンフレットデザイン』グラフィック社、2004年、52、53頁

**誘引性とは、文字色と背景色のバランスによって人の目を引きつけるようにする視点です。**一般的に暖色系は誘引性が高いと言われ、朱色や赤色は注目されやすいのです。黄色の背景に黒色文字をのせる看板などをよく見かけますが、これも誘引性が高いからです。

言うまでもありませんが、背景色には、紙色も含まれます。白紙に色を載せるのか、紙色を活かすのかを考えなければなりません。

**ⓑ配色バランス**

もう一つは、**全体の配色バランスを考慮する**側面です。主張を強めるなら文字色を工夫しますが、印象を強めたいのなら文字だけでなく絵図の配色も大切な検討対象になります。この場合、基調色（背景色とは限らず、全体的に用いられている色）とは異なる色を用いて、配色の単調さを避け、配色に強弱や明暗をもたせて印象を強める**アクセントカラー**の視点も考えます。

寒色系の基調に暖色をポイントとしてのせれば、アクセントが生まれます。たとえば、**図7**のように、オリンピックの五輪を薄い空色で配した場合はアクセントはありませんが、そのうち1輪だけ赤色にすればアクセントが生まれます。

また、基調色と異なる色彩を用いて、強調したい点を際立たせる**ポイントカラー**

も考慮します。この場合には文字のフォント※と併せて工夫します。学習事業のチラシは、テーマと日時がポイントになるので、基調色とは異なる色を用いるのがよいと思います。黒文字が基調のチラシなら、テーマと日時を朱色にすれば、これがポイントカラーになります。

図7　アクセントカラーの例

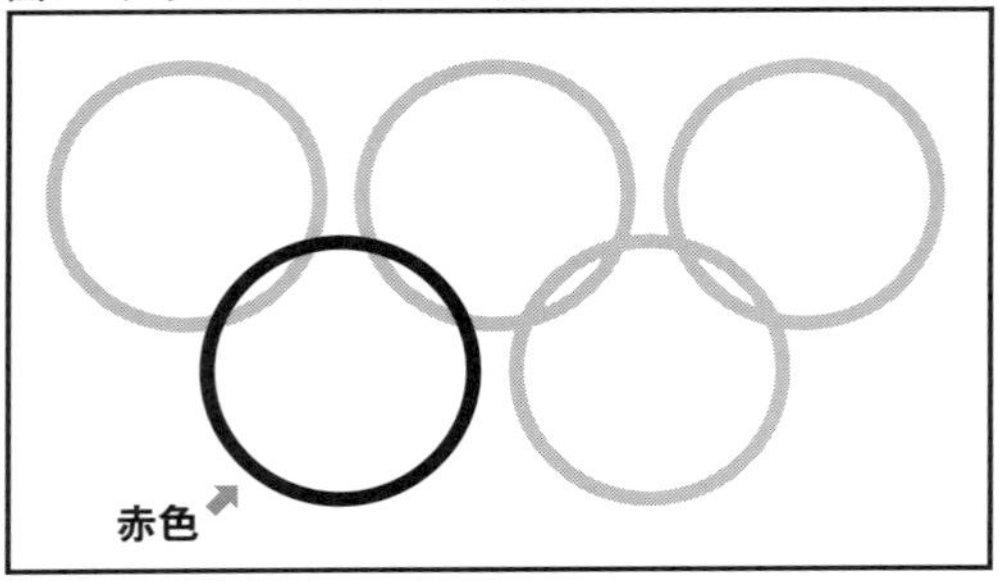


### ③シンメトリーを考慮した絵図の配置

シンメトリー※とは左右対称性のことですが、上下の対称性も考慮します。テキスト（コピーを含む）とイラストを配するときに、テキスト群や1つのイラストをブロック（コピーなら一連のテキストをひとまとまりとした移動が可能な単位）ととらえ、紙面にバランスよく配置していきます。その際、色の強さや文字数、ブロックの大きさを考えて、左右または上下に偏りがないようにして、ブロック同士の左右上下をそろえるようにします。

**図8**の左側のチラシは、中央より左側に、イラスト化（記号化）された「無料」（アイキャッチ）

**※フォント**
印刷物などでは文字の書体を言う。懲りすぎると、かえって見にくくなるので、1つのチラシには、せいぜい4～5書体以内に抑えるとよい。

**※シンメトリー**
レイアウトの左右対称性のことだが、上下のバランスも考慮する。

図8

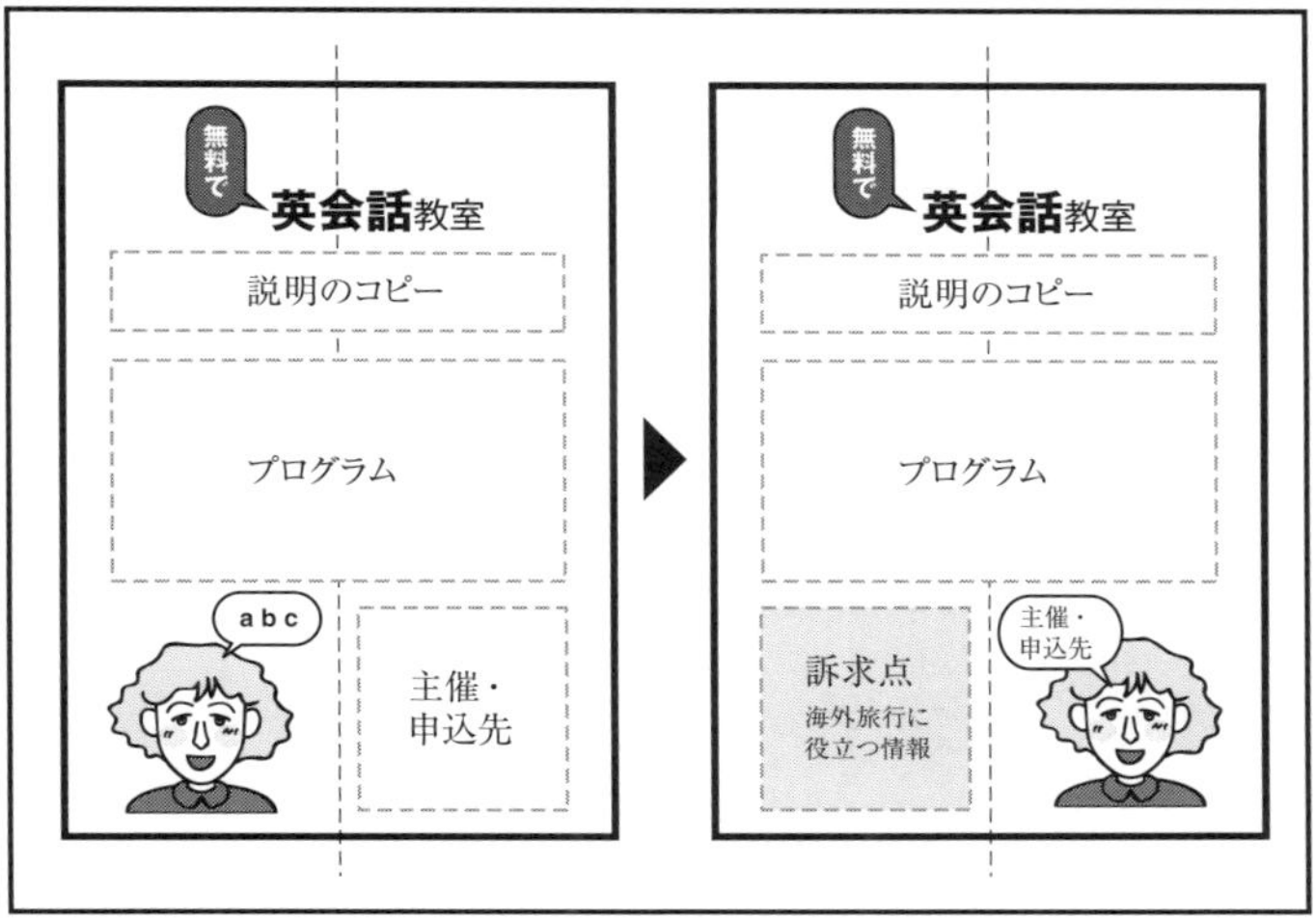


と外人女性の顔のイラストが配されているのに対して、右側には文字しかありません。左に重きが置かれた印象を与えます。

そこで、右側のチラシのように外人女性の顔を右に移動し、記憶してもらいたい「主催・申込先」（終着領域）などの情報を吹き出しに入れ、さらに「英会話教室」の「教室」の重みを軽くするためにフォントを変えてポイントを落としてみました。

訴求点を左下に配置しました※が、「説明のコピー」の右側でもよいのです。しかし、左下に

※訴求点は、プログラムを見てから、「弱い休閑領域」をじっくり読んでもらえればよい。これは、学習希望者の背中を押す役割を果たす。

無駄な余白がでないよう、そこに置きました。

同時に、「説明のコピー」「プログラム」「訴求点」「イラスト」の各ブロックの左右上下をそろえ、余白が均一になるよう調整してあります。右側のほうが落ち着いた印象になると思います。

ただし、インパクトをねらって意図的にバランスを崩す配し方もありえます。

その場合も意味のない無駄なスペースをつくらないようにします。

図9　よく使われるフォント

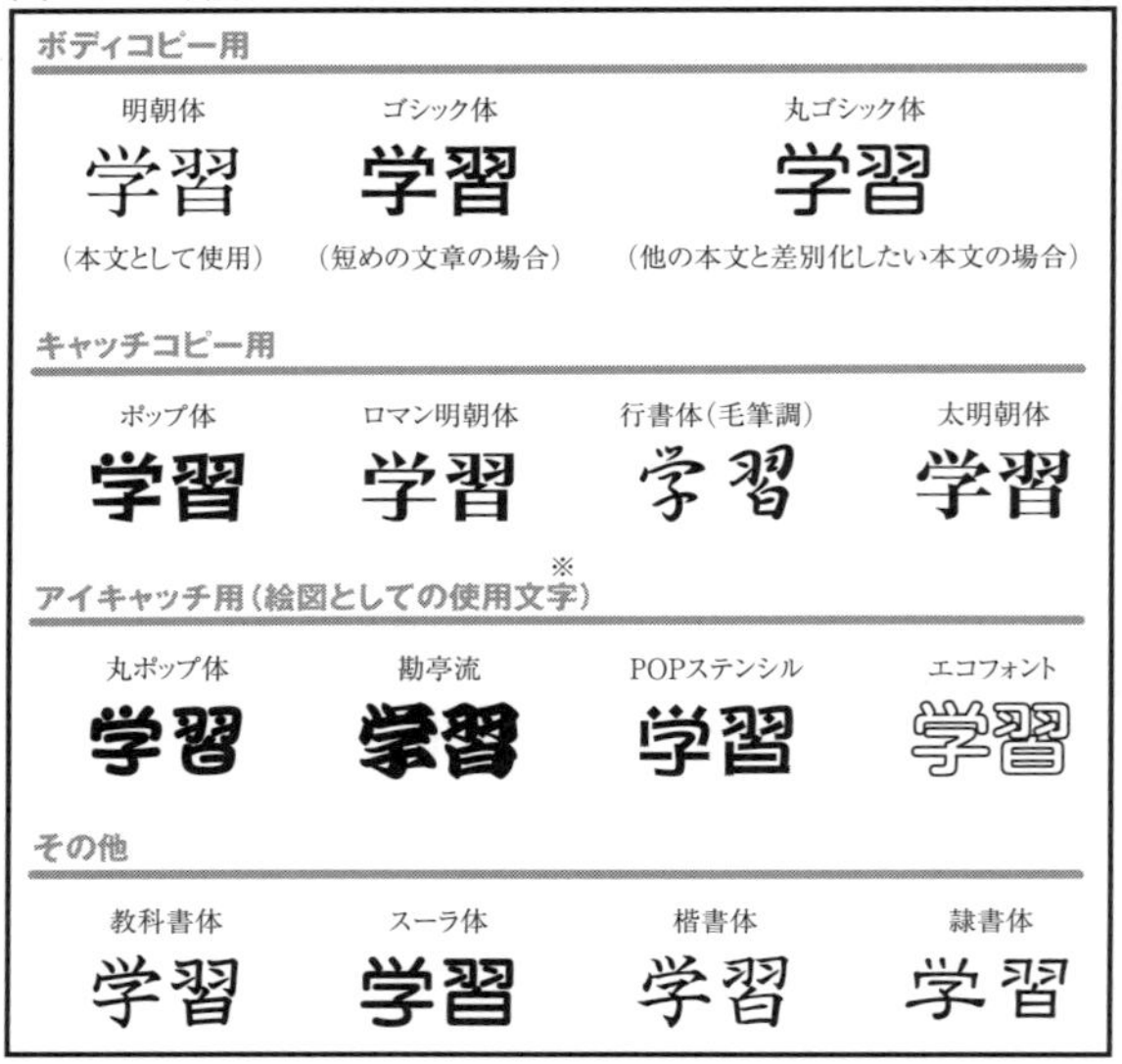


※文字をイラストとして用いるので（記号化）、多少読みにくいフォントを用いてもかまわない。

図10　チラシーアイディア例

あなたも、自宅でバリスタに
珈琲教室
自分で炒れる美味しい珈琲で、
楽しいトークを。
初めての人も歓迎です。
今日からあなたもバリスタに!
15時〜17時
第1回　6月1日(土)
豆を選ぶ・挽く! 珈琲の基本
第2回　6月8日(土)
レギュラー珈琲 ーホットとアイス
第3回　6月15日(土)
エスプレッソ、カプチーノ
第4回　6月22日(土)
珈琲アートに挑戦！
講師
バリスタ 珈琲 太郎
ホテルの珈琲専門店に30年間勤務。珈琲関係の著書も多く、美味しい珈琲の入れ方を広く伝授している。
会　　場　○○市公民館　○市○町○丁目○番
□□線○駅下車　徒歩8分
対　　象　一般成人(20歳以上)
定　　員　30人
参 加 費　2,000円(豆代等)
申込方法　5月20日までに直接来館して申込み
問い合わせ　Tel 04○-123-4567

# 3 読まれるチラシのポイント

■チラシの紙の厚さと質などを作成予算と目的に照らして選択する。
■チラシの講師名と肩書きは学習事業の見せかたに大きく影響するので、原則として記載する。
■読まれるためには配布先にも配慮し、たとえば関係者以外にも配布することも検討する。

本章の最後に、読まれるチラシのポイントのうちで、これまで述べてこなかったいくつかの点について触れておきましょう。

## 1 紙のグレードに配慮する

これまで、文字色や紙色については述べました。そのほか、読まれるためには、チラシの紙厚や紙質も工夫しておく必要があります。

洋紙は、塗工紙、非塗工紙に分けられます。そして材質や白色度でもグレード分

表2　紙厚と用途の関係

| 坪量（g/m²） | 代表的な成果物 |
|---|---|
| 52.3 g | 新聞紙の折り込みチラシ |
| 64 g | 雑誌本文、コピー用紙、チラシ |
| 81.4 g | リーフレット、チラシ、雑誌本文 |
| 104.7 g | リーフレット、ポスター |
| 127.9 g | チケット、週刊誌表紙、パンフレット |
| 157 g | ファッション雑誌の表紙、名刺、会社案内 |
| 209.3 g | ファッション雑誌の表紙、名刺、はがき |

※ FUJI XEROX ホームページより（http://www.fujixerox.co.jp/support/howto/paper/thickness.html）

けがなされます。塗工紙とは、紙の表面に塗料を塗って、美感やなめらかさを出したものです。アート紙やコート紙と呼ばれる種類があります。非塗工紙のグレードには、上級、中級、下級（普通紙）があります※。

言うまでもなく、美しい塗工紙のチラシのほうが目に入りやすく、手に取ろうという気持ちになるでしょう。ただ、値段が高いのが難点です。

また、白色紙といっても、真っ白いものから再生紙や新聞紙のような色のものまであります。通常は、そのグレードを％（白色度）で表し、数値が高いほど「真っ白」に近づきます。白色度90％だとほぼ真っ白になり、かえって目がちらつくので、適当な白色度を選ぶことが大切です。



※洋紙のタイプ

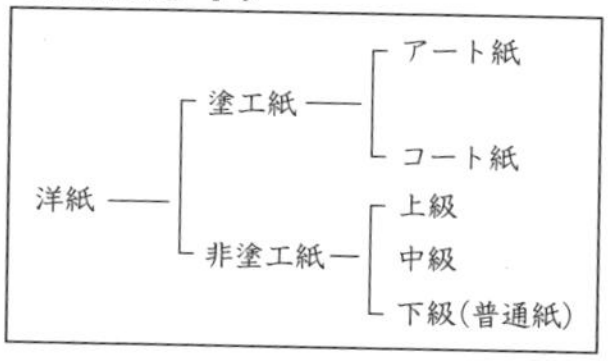

そして、紙厚は、1平方メートル当たりの重さで単位化され、グラム（g）で表します。用途によって適切な厚さ（g）を選びますが、**普通のチラシは、64g～81・4g**といったところでしょう（**表2**を参照）。

**ぺらぺらな新聞紙**※のような厚さと白色度の紙よりも、適度な厚さの白色度のやや高い紙の方が読まれる可能性が高くなります。予算が不足しているからといって、あまりにもグレードの低いチラシでは、せっかくつくっても、手にとってもらえないことがあります。

## 2 講師名と肩書きを記載する

実技中心の教室や資格取得のための講習会の場合は、指導者の肩書きを記載しないことが少なくありませんが、**講義中心の講座の場合には、講師名と肩書きの記載は必須だと思います**。その講師の立場（肩書きで把握できる）によって話の内容や考え方の違い、専門性の深さなどが異なり、講義を聴く学習者に対する影響に大きな差異が生じるからです。たとえば、歴史観をめぐって専門家による違いが問われることがあり、また大学教員の場合には講師クラスと教授クラスでは当然、話のレベルが違ってきます。

広報担当者は情報ボリュームの関係からできるだけ情報を絞ろうとしますが、学

※ぺらぺらの薄すぎる紙だと、パンフレットのラックに配しにくくなる。

習事業担当者としては、その点だけは十分説明し、肩書きの掲載を強く求めるようにしたいものです。

たとえば、以下のようなケースを考えてみると、講師の肩書きによって、いかに講義内容等に対する印象が異なるかがわかるはずです。以下は、それぞれの印象の違いについてまとめた筆者の主観に基づく解説です。

| | | |
|---|---|---|
| テーマ | 神奈川の歴史を探る | |
| 講　師 | ①郷土史研究家 | 佐藤晴雄 |
| | ②市立小学校教諭 | 佐藤晴雄 |
| | ③大学教授 | 佐藤晴雄 |
| | ④郷土博物館学芸員 | 佐藤晴雄 |

①郷土研究家…身近な文化財や史跡、地域に関したことが学べる。

②市立小学校教諭…わかりやすく学べる。

③大学教授…より専門的なことが学べる。

④郷土博物館学芸員…特定の事柄について深く学べる。

⇒講師等の肩書きの掲載の有無は学習参加動機に大きく影響する。

## 3 無関係機関等への配布が参加者拡大につながる

行政はとかく関係者にチラシを配布するなどＰＲには気をつかっています。教育委員会の事業であれば、学校、公民館※、図書館などにチラシを配布してよしとします。それでいて、参加者はいつも同じような人たちばかりで、なかなか広がらない

**※公民館**

社会教育法より

第五章　公民館

（目的）

第二十条　公民館は、市町村その他一定区域内の住民のために、実際生活に即する教育、学術及び文化に関する各種の事業を行い、もつて住民の教養の向上、健康の増進、情操の純化を図り、生活文化の振興、社会福祉の増進に寄与することを目的とする。

（公民館の設置者）

第二十一条　公民館は、市町村が設置する。（２以下省略）

（公民館の事業）

第二十二条　公民館は、第二十条の目的達成のために、おおむね、左の事業を行う。但し、この法律及び他の法令によつて禁じ

図11　チラシ配布のイメージ

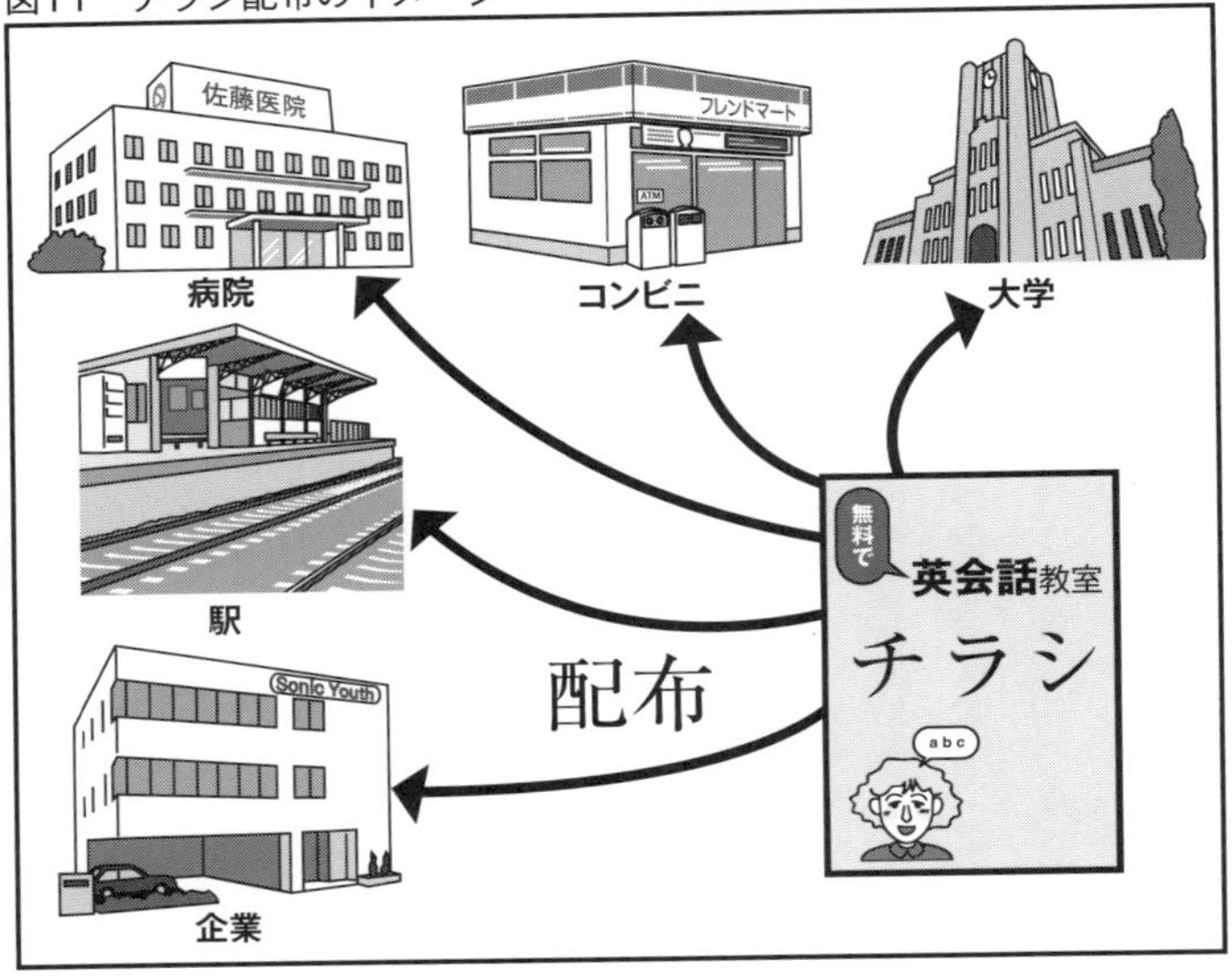


と嘆くのです。関係機関にしか周知しないのだから、参加者が固定化するのは当たり前です。

　参加者の拡大を図りたいならば、コンビニ、駅、店舗、病院、企業、大学・専門学校など役所以外の**無関係機関にもチラシを配布するとよいでしょう**（**図11**）。

　反対に、有名人に講演を依頼できたので、定員以上に参加者の申込みがあったら大変だ※と考えるなら、チラシ配布の範囲を狭めたほうがよいかもしれません。

---

られたものは、この限りでない。

一　定期講座を開設すること。

二　討論会、講習会、講演会、実習会、展示会等を開催すること。

三　図書、記録、模型、資料等を備え、その利用を図ること。

四　体育、レクリエーション等に関する集会を開催すること。

五　各種の団体、機関等の連絡を図ること。

六　その施設を住民の集会その他の公共的利用に供すること。

※行政が主催する著名人による講演会だと、未申込者も当日押し寄せることがあり、混乱しがちになる。

# 7

## 研修・講座のつくりかた

# 研修・講座の
# 運営の工夫

この章では、研修・講座の直前と当日の準備の仕方について取り上げます。直前の講師連絡では何を伝えるのか、会場の準備はどうしたらよいのか、当日の講師対応や備品の設置にはどのような工夫が必要なのかなどについて述べていきます。こうした準備や対応は、研修・講座の成果にも影響を及ぼすので、万全な姿勢で臨みたいものです。

# 1 開始直前の連絡

■開始1か月くらい前になったら、講師等には、①テーマの確認、②レジュメ等の使用の有無、③来場時間の確認、④送迎の可否／有無、⑤使用機器の確認、⑥食事提供の有無、⑦謝金振込口座情報などについて連絡する。
■レジュメ等の資料到着の有無について、必ず講師に連絡する。これを怠るとトラブルになりやすい。
■実施日の2～3日には必ず確認の連絡を入れておく。

## 1 必要事項等の連絡

研修・講座の実施時期が近づいたら、講師等には事務連絡を入れます。むろん、講師依頼時に事務連絡を含めてもよいのですが、依頼時期と実施時期の間が長いと、まだ計画が定まっていなかったり、講師等も心の準備ができていなかったりする※ので、直前の連絡も必要になります。

※間近に研修・講座が予定されている講師だと、まずは目の前の仕事が気になって、それどころではないという気持ちになる。

そこで、実施の1か月くらい前になったころに講師連絡を行い、次のような連絡をします。

**①テーマを確認する**

普通はすでにテーマが決まっていますが、再度確認しておきます。多忙な講師だと、失念していることがあります。

**②レジュメ※等の使用の有無を聞いておく**

使用する場合には、3日から1週間前くらい前までに提出を求めます。2～3週間前に要求する担当者もいますが、この間に他の依頼が予定されている講師の場合、提出がなかなか難しいと思います。

**③来場時間を確認する**

会場と最寄り駅の距離や交通の便も考慮します。ただし、開始1時間前などに来場させるのは望ましくありません。交通の便のよい会場なら15分、そうでない会場だと30分というところでしょう。

**④送迎の可否／有無を確認する**

講師の来場時間と併せて、送迎の可否ないしは有無について知らせる必要があります。交通が不便な会場の場合には、基幹路線主要駅の送迎が望ましく、また、最



**※レジュメ（résumé 仏語）**
要点をまとめて示した講義要旨のことで、受講者のいわばテキスト教材として扱われる。レジメとも言う。

寄り駅から徒歩15分以上の会場ならば、送迎があったほうがよいでしょう。

**⑤使用機器の種類を確認する**

ホワイトボード、パソコン（パワーポイント、DVD等も含めて）、ポインターなどの使用を確認しておきます。ただし、パソコン&プロジェクターを使用する場合の講師等の立ち位置については、事前に知らせておく必要があります。短時間しか使用しないのに、大きな**スクリーン**※の隅っこに演台が置かれるならば、プロジェクター使用を嫌がる講師もいるので。

**⑥食事提供の有無を知らせる**

昼食時前後にプログラムが予定されている場合には、食事（**弁当**※）提供の有無について知らせておきます。ただし、食事の用意があるからといって、開始時間よりも1時間以上早く来場してもらうのは考えものです。13時開始なら、早くても12時以降の来場にしましょう（打ち合わせがなければ、12時30分でも可）。

**⑦謝金振込口座情報を聞いておく**

謝金振込先の銀行口座の情報を入手しておきます。事前に振込関係書類を郵送してもらってもよいのですが、その書類を郵送だけして、記入後に当日持参するよう求めても、多忙な講師だと持参し忘れることがあります。したがって、当日、**振込**

---

※スクリーンが可動式か固定式かを前もって確認しておく。

※予算の関係で、あまりにも粗末な食事・弁当しか提供できない場合には、来場時間を遅らせて、食事等を提供しないほうがよい。

関係書類の控えを用意しておきます。

**2 レジュメ等資料到着の有無の通知**

その後は、頻繁に連絡するのは相手に失礼になり、また相手を煩わせることになるので、緊急事態でも発生しない限り、連絡は控えましょう。

ただし、必ず連絡しなければならないことがあります。②レジュメ等の使用の「有」の場合、**レジュメ等が届いたら必ず到着した旨の返事を送ります**。この作業を怠る担当者は珍しくありませんが、依頼された講師は届いたのかどうか不安になります。

また、**2～3日前になっても届かなければ、その旨も必ず知らせなければなりません**。届いても連絡のない場合があるので、講師等は当然届いているものと理解して、未着であることを知らずに当日会場に出向きます。いざ、というときにレジュメ無しになってしまいます。

**開始2日～3日前になったら、必ず一報を入れておきます**。その方法は、電話でも、eメールでもかまいません。このときに、レジュメ等の確認を行えばよいのです。

## 2 会場設営の基本
### ――学習方法に適した設営の基本

■講師と受講者との間に適切な距離を確保する。
■講義から討議に移る場面では、討議用座席の配置図を受講者に示す。
■来賓席などは、会場の前方ではなく、縦長に確保する。

会場を設営する場合には、講師の立ち位置、受講席の配置、講演会等での参加者と来賓※等の席割りなどに配慮することが大切です。

### 1 講師の立ち位置

**①講師と最前列の受講者との距離は、3メートル程度あける**

話をする立場からすると、すぐ目の前に受講者が座っていると話しにくいものです。ですから、講師と受講者との距離は、いわゆる「唾が飛んでも大丈夫」な距離を保つようにしたいと思います。だいたい3※メートル程度の距離になるでしょうか

※「来賓席」「関係者席」といった貼り紙を座席に貼って席を確保する。

※私の経験則による最短距離。3メートル未満だと、最前の受講者と面接しているような感じになってしまう。

（図1）。

そのためには、講師の前の長机だけを外したり、それができないときには事務用品や機材をそこに置いたりします。

図1　教卓と受講席の距離

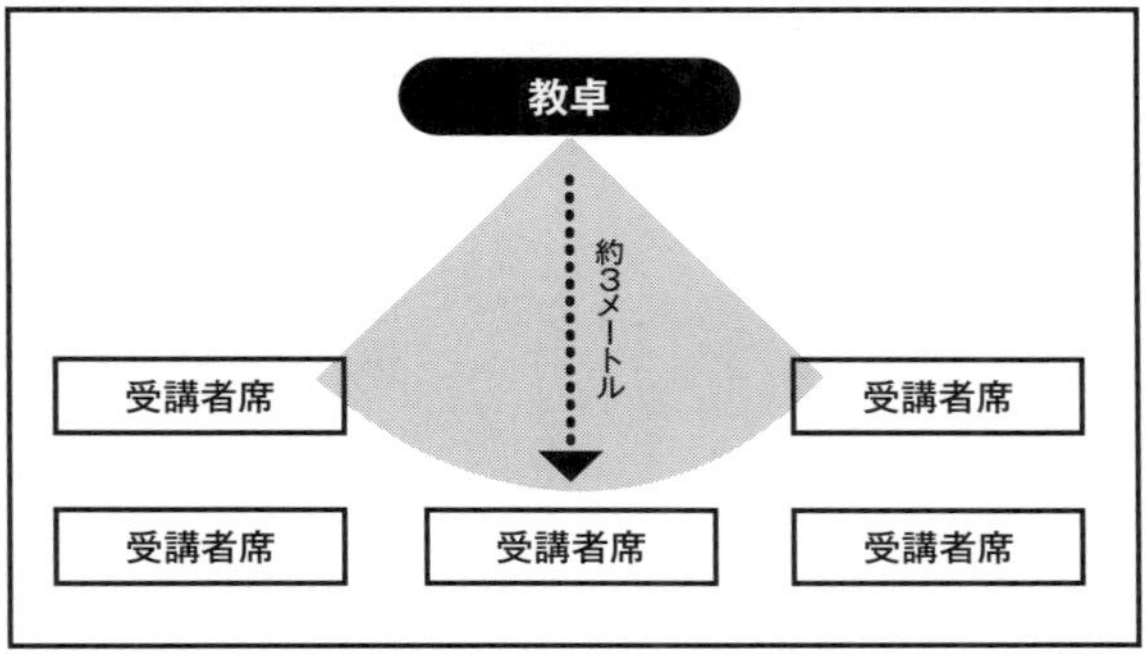


## ②スクリーンを使用する場合

講演会などで大きなスクリーンを使用する場合、講師が舞台の上手（客席から見て右側）の演台にポジションが与えられることが多いようです。何となく無声映画の弁士※のような立ち位置になります。これは仕方ないのですが、できる限り演台を中央に寄せたり、講師と相談の上、投影終了後にも講演が続く予定であれば演台を中央に移動させせましょう。

また、シンポジウムやパネルディスカッションなどで発表者がスライド等を使用する場合、コーディネーターや進行役の位置にも配慮します。コーディネーターは自分の背後



※**弁士**
講演等の話者を意味するが、無声映画では内容を語り、状況を巧みに表現することを仕事とする解説者を言う。

にスクリーンが置かれたまま投影されても、発表内容を視覚でとらえにくいからです。私はそのために首を痛めそうになります。そうしないためには、客席の前方に**コーディネーター席を用意するか、コーディネーター用のモニターを机上に用意しておきます。**※

## 2 受講者席の配置

今度は、教室型会場での受講者席の配置で留意すべきことを述べましょう。

### ①講義＋グループ討議のプログラムのときに

プログラムの前半に講義、後半にグループ討議が組まれている場合、グループごとに椅子と机を配置し直すのが大変だからという理由で、前半の講義時にもグループごとに着席させている例があります。

この配置だと、講義中に横向き、ひどいときには後ろ向きで講師の話を聞く受講者が現れます。これも首を痛めそうですし、そうした受講者は講義に集中しにくく、講義が早く終わることを期待しがちです。

そもそもグループごとに机を配置するのが面倒なのは、①狭い会場で机の移動がしづらいこと、②どの机を移動して用いるかの指定が曖昧なことなどが原因しています。

※コーディネーター席やモニターの設置ができないときには、スライド画面を大きめにカラーコピーしたコーディネーター用資料を作成して渡しておくとよい。

図2　講義中のレイアウト

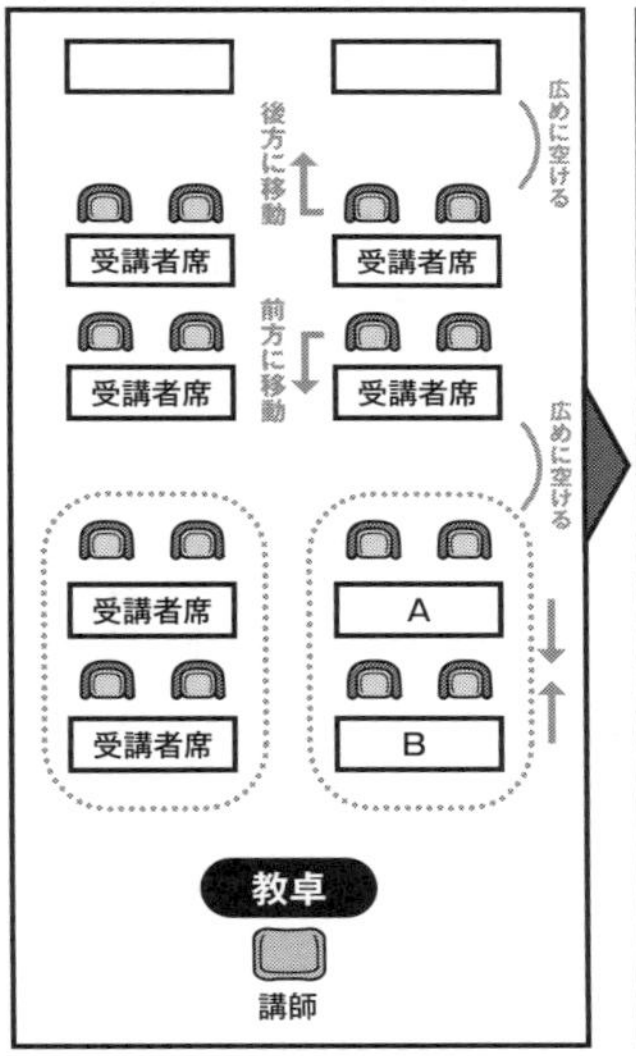


図3　グループ討議中のレイアウト

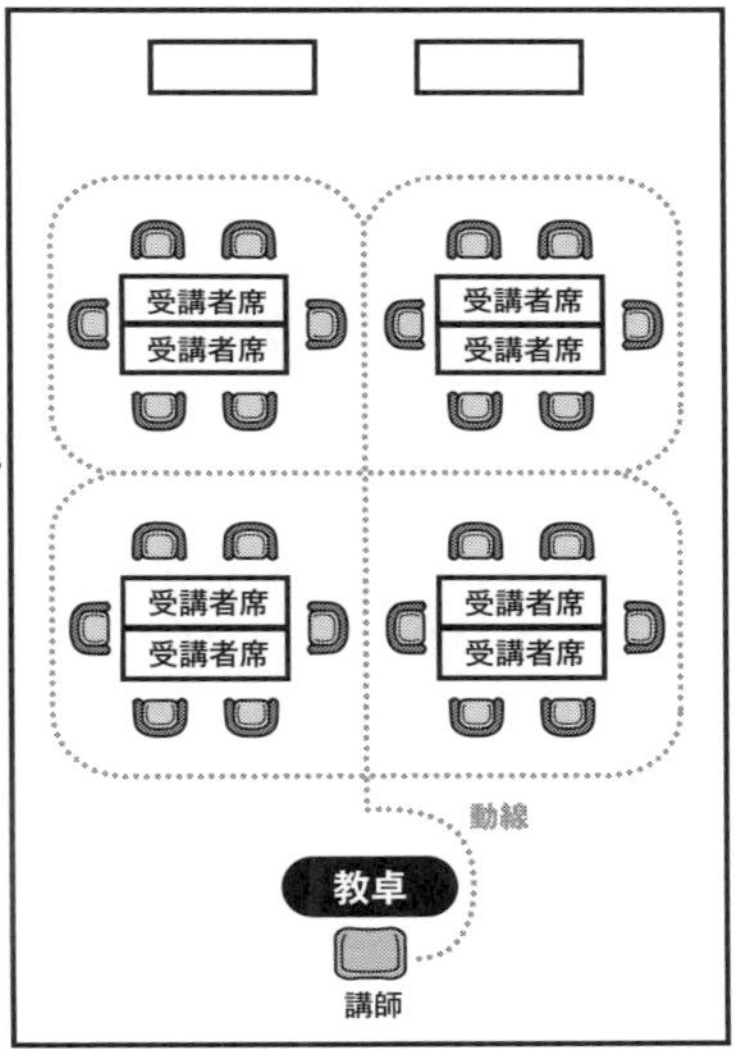


### ②グループ討議用の教室レイアウト図を作成する

そこで**図2**のように、講義時には教室型に席をレイアウトしますが、討議に移ったら、たとえば、前方のA席とB席をそのまま突き合わせて※（点線の囲みでグループ席を設置）、3列目の2人が加わり6人グループの席を設けるとよいでしょう（**図3**）。そのレイアウトを受講者に意識してもらうために、2列目と3列目の間を広めに空けておきます。そして、4列目

※長机のタイプによっては、着席側が片側とされているものがある。足下を隠す板であるエプロン着装のタイプなど。これらタイプでは前後を回転させせなければならない。

の受講者は後方のグループに入ってもらいます。

あるいは、グループ討議に必要のない机は、講義終了直後に会場の片隅か場外に移動して、机が移動しやすい条件にしておきます。

いずれにしても、**受講者にグループ討議用の机と椅子のレイアウト図を作成して渡しておく**と、スムーズに討議環境をつくることができます。

**③講師の動線にも配慮する**

グループ討議では、討議・作業中に講師が各グループの様子を見て助言することになるので、**講師がグループ間を移動できるよう動線※を確保しておく**ことが大切です。受講者の荷物は教室の隅に移動した不要な机に置いてもらうよう指示します。動線が閉鎖されていると、後方のグループに講師が行き着けないことになるので、動線をイメージした配慮が必要です。

## 3］講演会の客席

広い会場で講演会を開催する場合、後部客席に紙テープを渡して、着席を制限することがあります。客席が前方から徐々に埋まるようになったら順次テープを後方に移動して客席を埋めていきます。これは適切なのですが、反対に最前部の横3～5列くらいの客席を貼り紙で示して関係者用に指定することもあります（**図4**）。

---

※動線確保は、講師だけでなく、担当者や参加者が各グループの様子を見まわるためにも必要。

この場合に問題なのは、来賓など関係者席を必要以上に多く指定してしまうと、いざ講演が始まるときに、前方には空席が目立ち、講師が話しにくい雰囲気がつくられてしまいます。しかも、前方に指定された来賓は、講演中であっても、「所用」や「公務」のために退出することが少なくありません。

そうしないためには、※**関係者席は縦通路側に数列確保する**ようにします（**図5**）。つまり、横長ではなく、縦長に確保するのです。登壇者を含めた関係者は会場の出入りが何度かあるので、通路側の方が都合よく、来賓が退席しても前方席でなければ遅刻者も着席しやすいという利点もあります。

また、第4章で述べたように、大会等にアトラクションなどで出演する関係者の席を自由にしておくと、前方に着席しがちです。するとアトラクション後の講演になると、保護者などの関係者は退席してしまい、会場前方に多くの空きが生まれてしまいます※。

そうしないために、プログラムを入れ替えるか、保護者等の関係者席の配置を工夫しなければなりません（後方や通路に沿わせるように指定する）。

※来賓のうち「所用」「公務」があらかじめ予定されていることがわかっている場合には、事情を説明した上で、できるだけ後方に着席してもらうようにする。

※第4章コラムを参照のこと。

図4　関係者が抜けると、前方に空席ができる

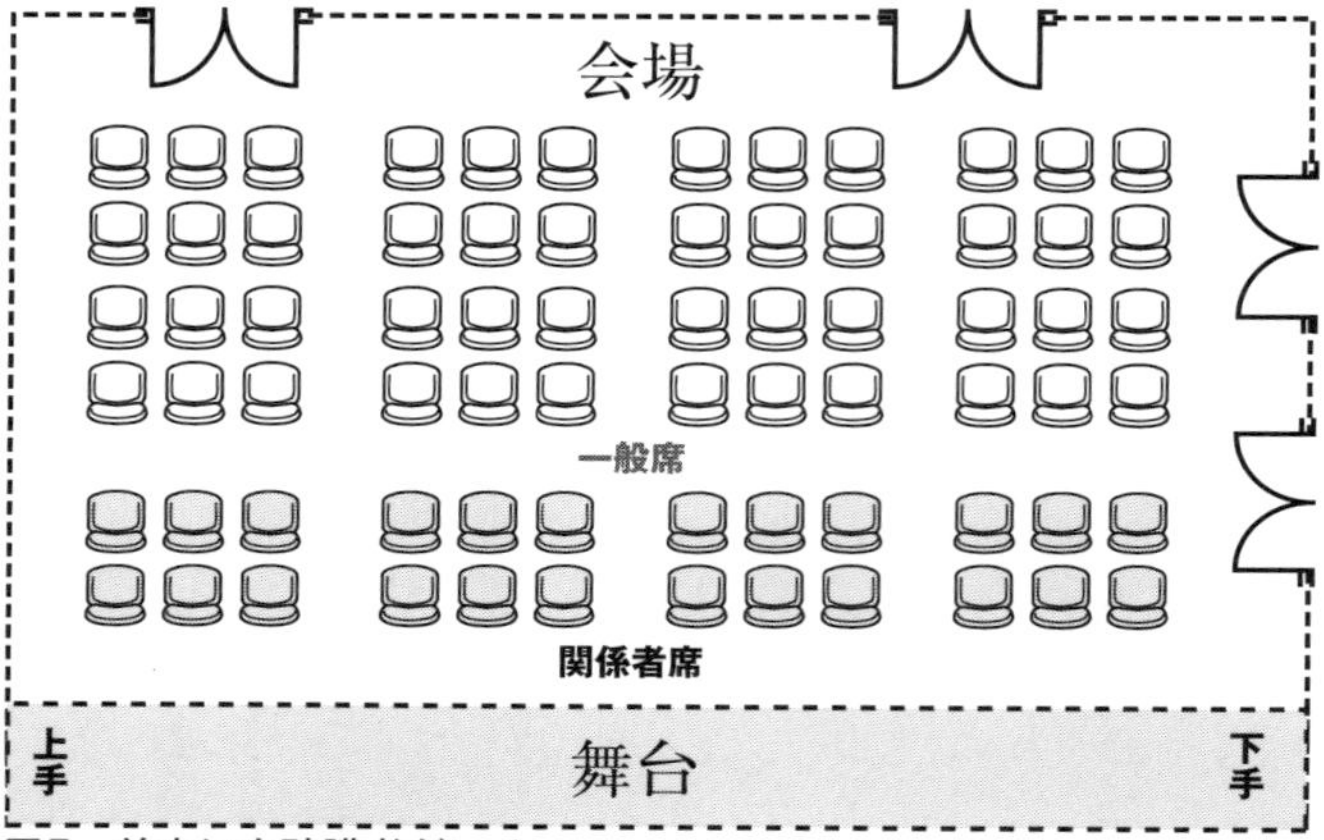


図5　前方にも聴講者がいる

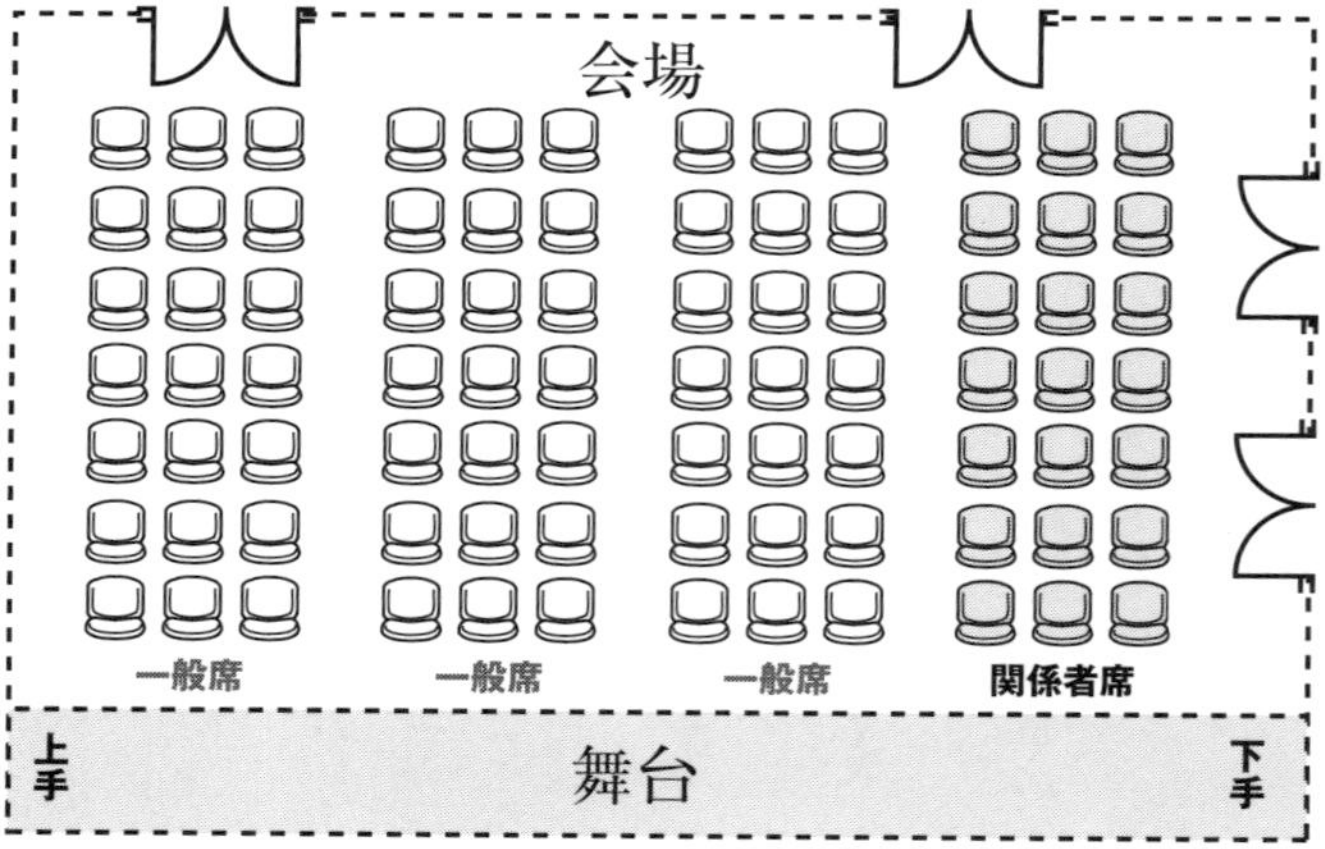

# 3 設備・備品の設置法

■マイク使用の有無は、参加者数ではなく、会場の大きさで判断する。
■ポータブルワイヤレスアンプは高い場所に設置する。
■スライド等のスクリーンは講師から見えるよう工夫する。
■ホワイトボードには会場の広さに応じた太さのマーカーを用意し、インクの残量チェックを必ずしておく。
■水差しや演台花の必要性を改めて検討する。

## 1 マイクの設置

### ①マイク使用の有無を会場規模で判断する

大学教員には、声量の小さい人が少なくありません。大学では大きな講義室で多数の学生を相手にするため、マイクを使用することが多いので、大声を出す必要がないからです（声量の大きい人もいるが）。

「体育館だけど参加数が30人程度だからマイクは不要だ」と考える担当者がいますが、会場が広く、しかも天井が高いと、講師の声が参加者に届きにくいことがあります。また、長方形の縦長の教室ではマイクがないと後方の受講者には声が届かないこともあります。**小・中学校の教室より広い場合には、マイクを用意するように**します。

ようするに、**参加者数ではなく、会場の大きさでマイク使用の有無を判断するの**です。むろん、講師の希望に応じることも必要です。

ちなみに、学校の現役教師には、声が大きいからマイクは不要だと言って発言する人が多くいますが、結果的に参加者に声が届いていないこともあります。そのような事態に備えて、マイクを用意しておくようにします。

**②マイクの好みを聞いておく**

マイクには有線と**ワイヤレス**※（ハンドタイプ、ピンタイプ）のタイプがありますが、講師によって好みがあるので、事前に希望を聞いておくようにします。１つのタイプしかない場合は、そのタイプをあらかじめ伝えたほうが親切です。ちなみに、私はハンドタイプのワイヤレスが好みなので、ピンマイクしかないときには、これを持ちながら話をします。

---

※板書を行う講師はワイヤレスマイクを好む傾向がある。

学校などではポータブルワイヤレスアンプ（内蔵スピーカー）を使用する場合があります。これは「ないよりはまし」ですが、スピーカが内蔵されたそのタイプのアンプを床に置くと、後部の参加者には音が届きにくいという欠点があります。ボリュームを上げると、今度は前部の参加者にとってはうるさく聞こえます。

そこで、これしか用意できないときには、アンプを高い位置に設置しておきます。※

### ③シンポジウム等のマイク数は余裕をもって用意する

シンポジウムなど公開討論では、発言者ごとにマイクを用意したいところですが、その数に限りがある場合でも2人に1本程度は用意したいものです（質疑がある場合には特に）。

また、質問等を会場から求める場合には、会場規模に応じた本数が必要です。大ホールなら会場4隅に1本ずつが理想ですが、最低でも前後2本は用意したいところです。

## 2］スライド（パワーポイント等）機器の設置

今一番気を遣うのがパワーポイント用のプロジェクターの設置場所です。天井などに固定されていればよいのですが、ポータブル式の場合には工夫が必要です。ズーム機能が高度でない機器だと、画面の大きさと設置場所との兼ね合いを考慮し

※テレビ台などがよいが、机上に置くなら最前列の受講者との距離を3メートル以上あけておく。

つつ、さらに講師の立ち位置も考えねばなりません。可動式スクリーンだと、その位置も影響してきます。

教室型の会場だと、普通は教室中央前方にスクリーンを設置することが多く、講師がサイドに置かれることになります。板書も行いたい講師だと、スクリーンと重ならない場所に設置する必要があります。そうなると、当然、スクリーンやパソコン本体の置き場所も考えなければなりません。

パソコンによる動画使用の場合にはスピーカーを用意します。スピーカーがないために、パソコン内蔵スピーカーにマイクを当てて音取りすることもありますが、受講者には聞こえにくいこともあります。※ あらかじめ動画使用の有無を確認し、使用希望があったにもかかわらずスピーカーが用意できない会場ならば、その旨を事前に講師に伝えておきます。

備品の設置方法は会場の造りが関係するので一概に言えませんが、少なくとも次のような点に配慮します。

◇スクリーンは講師の立ち位置から見える場所に設置する
◇板書併用ならば、ホワイトボートまたはスクリーンは可動式を用いる（後述）
◇動画使用の場合、スピーカー等を用意する

---

※特に、固定スピーカーが前方にしか設置されていない会場では、前方席と後方席で聴き取れる音量が大きく異なるので、配慮したい。

◇プロジェクターの前に、受講者が着席できないよう配慮する（椅子の除去や机上の備品設置）
◇パソコン操作は講師自身が行う場合には、演台等の広さを十分確保しておく

### 3］ホワイトボードの設置

最近は、ホワイトボードを使用する講師はめっきり少なくなりましたが、私のようにまだ使用したい講師もいます。

以前、ホワイトボードの設置をお願いし、当日、そこにあったマーカー（カラーペン）で板書したのですが、不要な文字を消そうとしたら消えません。油性ペンだったのです。筆者はすこし慌てましたが、そのことがかえって「つかみ」になり、とても話しやすい雰囲気になりました。怪我の功名です。

それはともかく、マーカーのインクが不足し、なかなか板書できない場合は少しやる気が失せます。また、ホールなど広い会場で、細いマーカーしか用意されていないときも同じような気持ちになります。

マーカーばかりでなく、ボードの大きさも気になります。大きなホールにもかかわらず、半畳程度のボードだと、思うように板書できません。**会場規模に適した大きさのボードと太さのマーカー**※**を必ず用意しておく**必要があります。



※黒・赤・青を標準装備しておく。

さらに、ストッパーの具合が悪いと板書するたびにボードが動いて困ります。ストッパーをよく確認しておきます。

文字を消す**イレーザー**※**を必ず用意しておきます。**イレーザーが用意されていなかったときに、ティッシュで文字を消した経験があります。なんかみっともないですね。

ホワイトボードは、講師が右利きなら、その左側に設置するのが原則です。受講者からは講師の右側に位置します。しかし、その逆を好む人もいますので、最初に確認しておく必要があります。

◇太いカラーマーカー数色（黒・赤・青は必需品）を用意し、太さやインク量、書き具合をあらかじめ確認しておく

◇できるだけ大きめのボードを用意しておく

◇ホワイトボードの脚のストッパーの具合も確認しておく。回転式ボードなら、ボードのストッパーの確認も必要

◇黒板消し※（イレーザー）は必ずきれいなものを用意しておく

## 4 水差しや演台花

水差しは、時代的に合わないと思います。純粋な水のペットボトルが無難です。

※イレーザーやカラーマーカーを、会場備え付けのもので済まそうとすると不備が生じやすい。できれば、それらを主催者が用意して持参するようにする。

※**黒板消し（イレーザー）**
商品によっては「ラーフル」と呼ぶことも。

図6

水差しは、講師にとってむしろ邪魔になります。昔、水差しを使おうとして、コップを床に落としてしまった講師がいました。ベテラン講師だったので、うまくかわして話を続けてくれましたが、中にはそれだけで消沈してしまう講師もいます。

また、骨董品のような水差しだと、使いたがらない講師もいます。ペットボトルにプラコップや紙コップがよいと思います。ただ、ペットボトルのキャップにコップをかぶせるのは品がないのでやめましょう※（**図6**）。

**演台花も、式典でない限り特に必要ない**と思います。演台花が大きいと背丈の低い講師の姿を隠し、ホワイトボード等を使用する講師には邪魔になります。特に、高価そうな花瓶に花がアレンジされていると、倒したらどうしようという余計な心配をしてしまう講師もいます（実は、私です）。

※気の利いた担当者だと、上向きに置いたコップの口側に紙フタを被せてくれる。プラスチック製のフタが4～5円程度の単位で市販されているが、底の浅めの紙製ケーキカップで十分代用できる。

## 4 学習資料のつくりかた
### ——学習効果をあげる資料づくり

■縦書きは右止め、横書きは左止めが原則。
■両面印刷物は、ホチキス2か所止めにするほうがよい。

講師から提出してもらったレジュメやその他の配付資料の作成にはいくつかのポイントがあります。

**1 資料提出の時期**

講師のレジュメ等の資料提出期限は3日〜1週間前でよいでしょう。1週間以上前に提出を求める例は多いようですが、それ以前にいくつかの研修・講座を依頼されている講師だと、大きな負担になり、結果として提出日が守られないことがあります。印刷する立場だと、確かに1週間よりも前には資料原稿をほしいところですが、講師の立場だと、少し早いように思います。※

※休日を挟むと、もっと早めに提出したいところだが、講師にとってはその休日を資料作成に充てたいこともある。

以前、一太郎で作成したファイルで送信したところ、担当がWordでそれを開いて印刷したために、資料の図表等が大きくずれ、抜けている部分もありました。一太郎が使用できないのであれば、せめて一太郎ビューア※をインストールしておきたいものです。

役所などでは、一太郎ファイルを扱えないところが増えているようですが、反対に講師の中にはWordを使えない／使わない人がいることに配慮したいものです。また、Excelファイルの資料の場合には、「Sheet2」以降の情報を見逃すことも結構あるので（特に、シート名が記されず、「Sheet2」などのままのケース）、十分注意しておきます。

## 2 資料の綴じ方

資料を綴じる場所や方法にもひと工夫が必要です。横書きの資料なのに右側にホッチキス止めされていると読みにくくなります。針無しステープラー※で綴じた資料はすぐにばらばらになってしまいます。そこで、以下の点に留意したいものです。

### ①縦書きは右止め、横書きは左止めが原則

書籍の綴じ場所を見ればわかるように、横書きは左綴じ、縦書きは右綴じが原則

※**一太郎ビューア**
http://www.justsystems.com/jp/download/viewer/ichitaro/ よりダウンロードできる。

※**針無しステープラー**
針無しホチキスとも言う。紙面に切り込みを入れて切り込み部分に紙を折り込んで綴じる事務用品。ハリナックス（コクヨ）、ペーパークリンチ（Plus）などの商品がある。

研修・講座の運営の工夫
1
2
3
4
5
6
7
8
9
10

図7　1か所綴じの場合

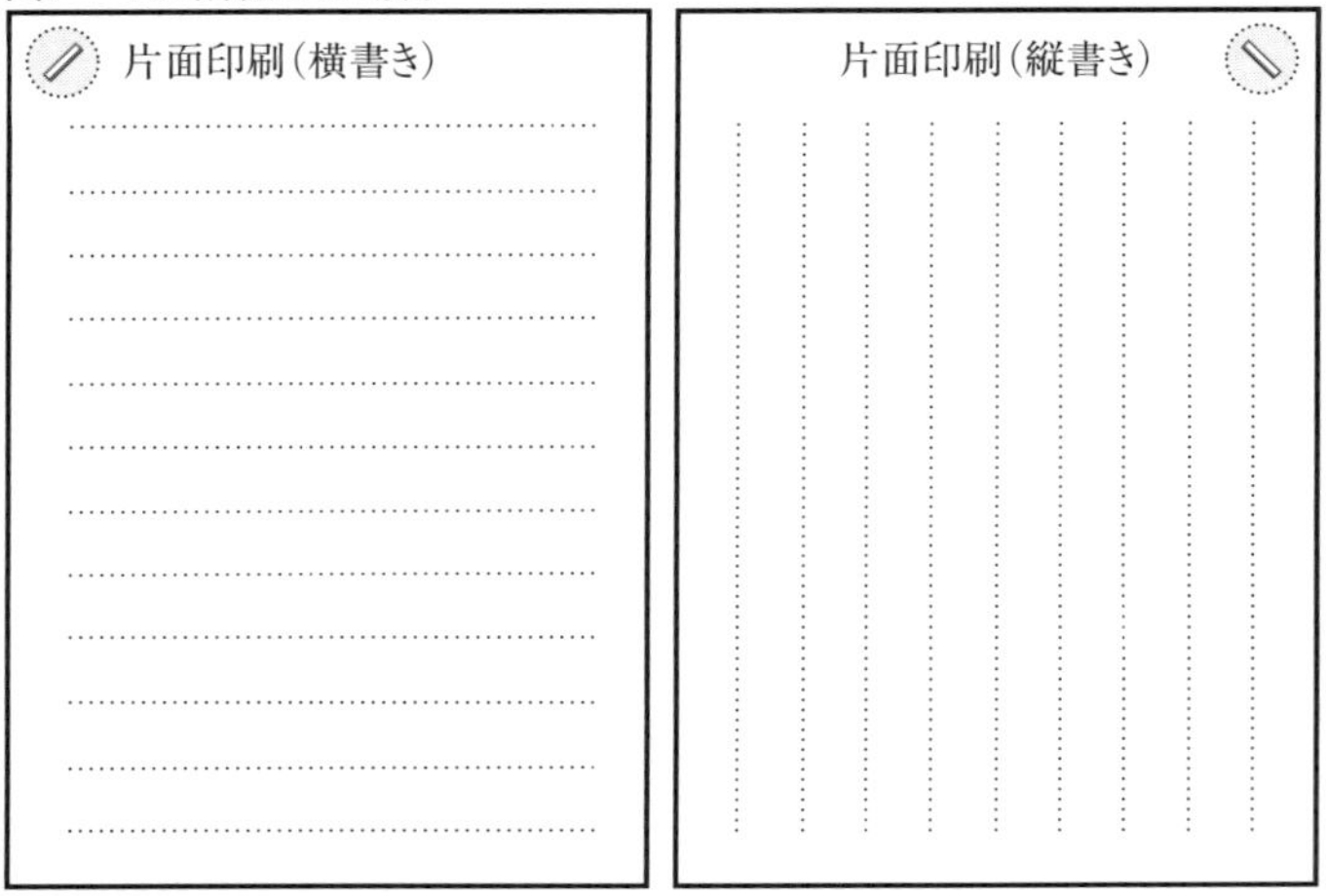


です（**図7**）。上部1か所で綴じてもよいのですが、枚数が多いと途中で綴じた箇所がばらけてしまうので、その場合は2か所綴じがよいでしょう。

**②両面印刷物は、ホチキス※で2か所綴じる**

両面印刷の場合は、2か所で綴じる方がよいと思います（**図8**）。1か所綴じだと、途中の頁で頁の前後がわかりにくくなることがあるからです。特に、横方向用紙で、下部1か所綴じだと頁順がわからなくなります※。一度試してみてください。

※資料を冊子形式とするなら、クリップ止めは避けたい。

※192頁を参照。

図8　2か所綴じの場合

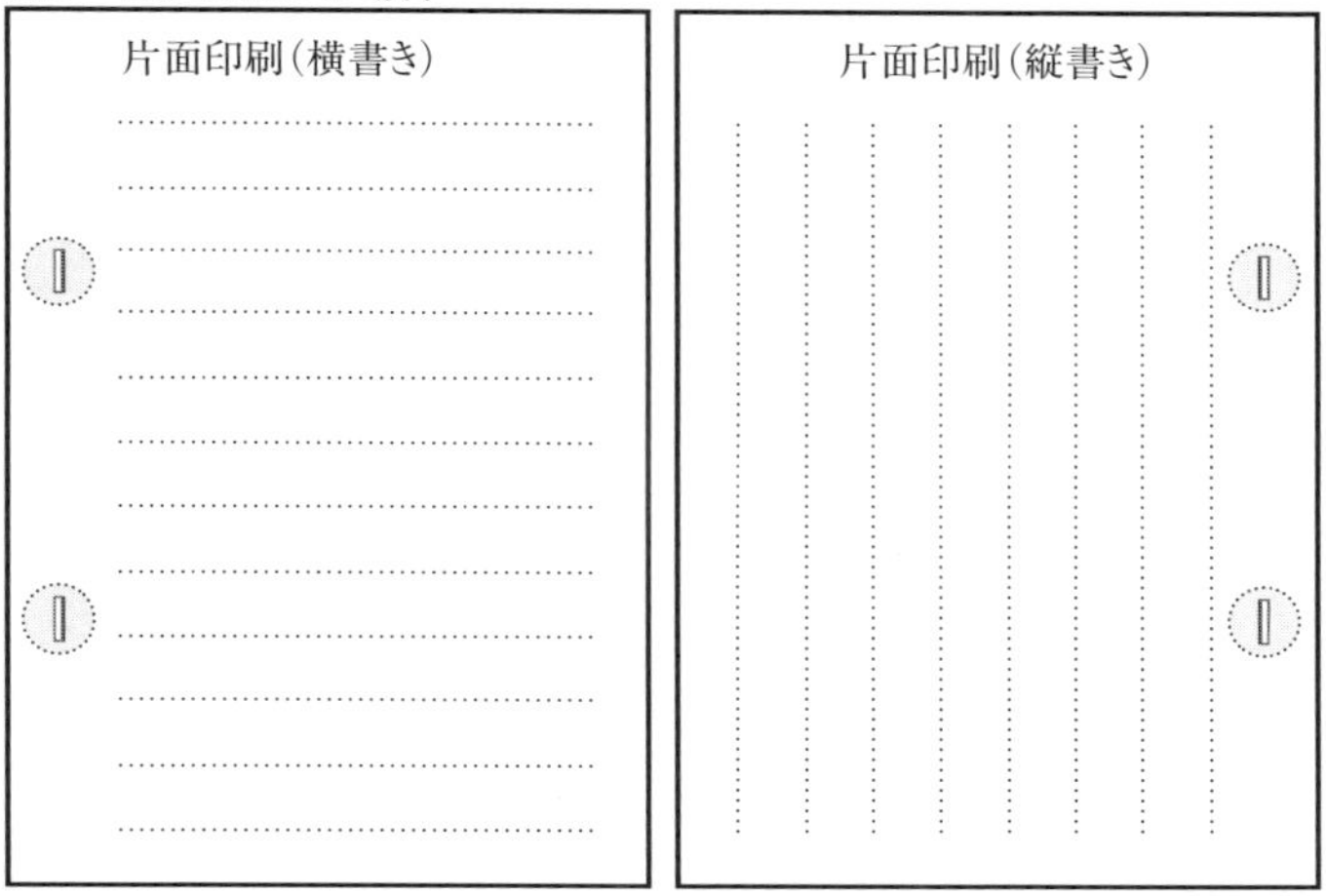


### ③縦用紙の資料に横用紙が混ざる場合

縦用紙が基本なのに、一部横用紙を挿入する場合には、**図9**のように、横用紙の左下部に綴じ位置がくるようにします。つまり、横用紙を右に90度回転させて綴じることになります。読み手からは、横用紙の頁になったら、左90度に回転させて読むことになります。

上部2か所綴じにしてもよいでしょう（**図10**）。その場合も、横用紙の左部を綴じます。

また、少し面倒ですが、横用紙を折りたたんで、左で綴じると読

図9　上部1か所綴じの場合

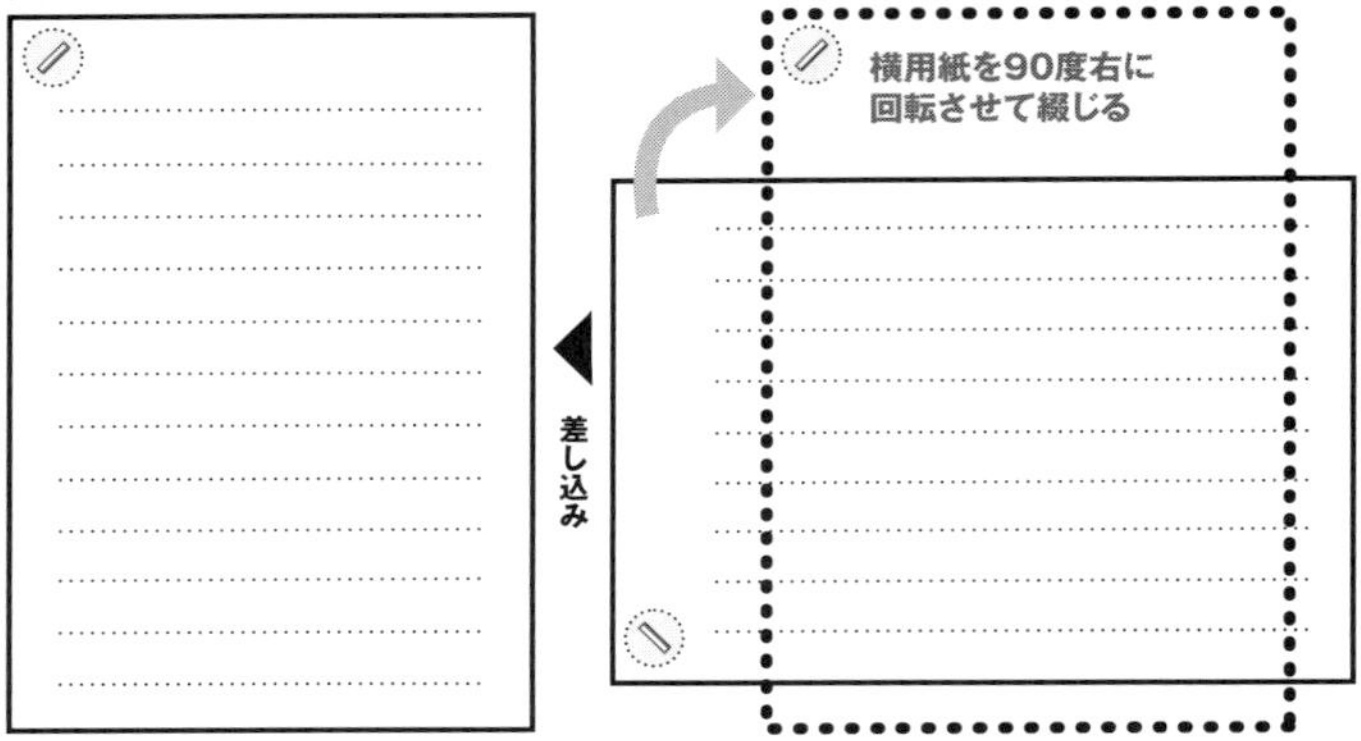


みやすくなります（**図11**）。この場合は2か所で綴じるのがよいと思います。

### 両面印刷1か所止めがダメな訳

横書きの1か所止めの場合、裏面の2頁目を見るには**めくり**ます（そして裏返す）。3頁目を見るにはそのまま**裏返し**ます。

このように奇数から偶数の頁に移るときは裏返して、偶数から奇数へはめくるように、次の頁に進むには「めくる」と「裏返す」を交互に繰り返すことになり、混乱しやすくなるからです。

**奇数頁⇒偶数頁　＝　めくって裏返す**

**偶数頁⇒奇数頁　＝　裏返す**

「裏返す」作業になれてしまうと、前の頁に戻ってしまうことがあります。3頁を裏返すと、2頁に戻るように。

図10　上部2か所綴じの場合

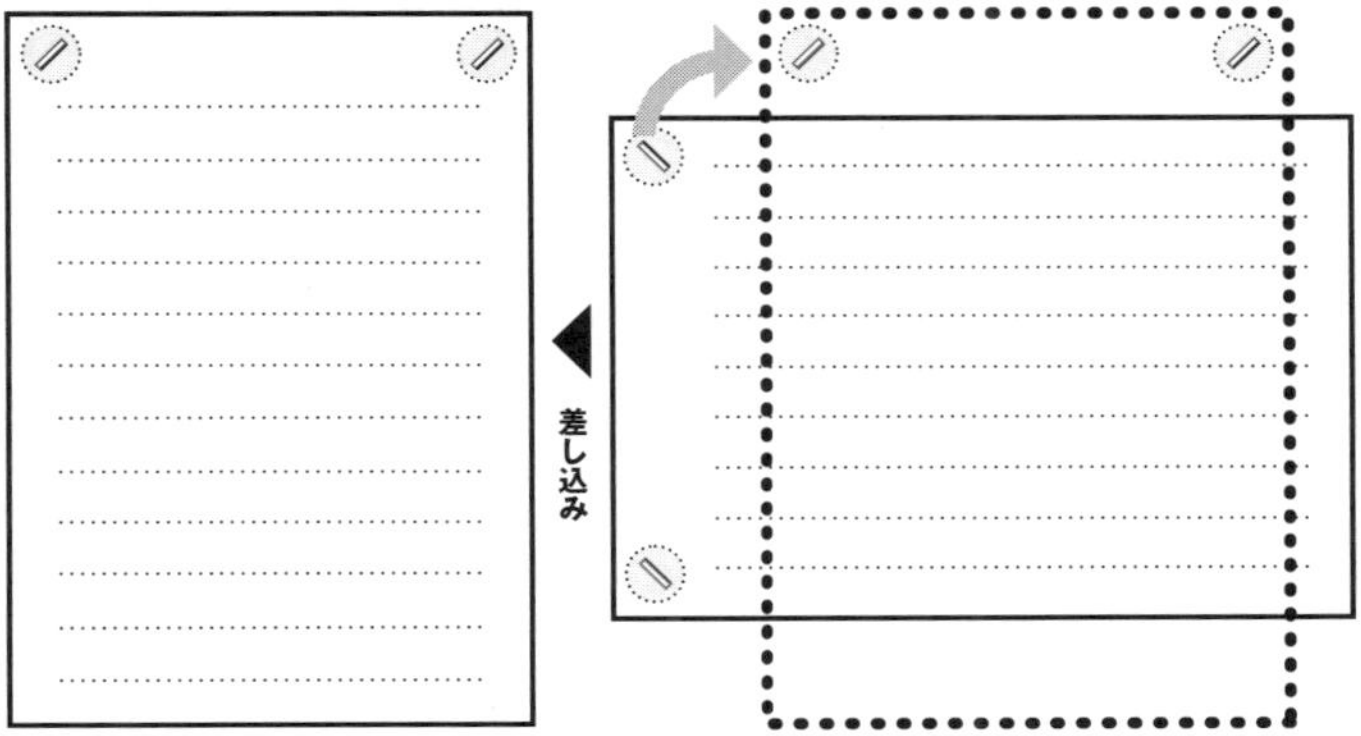


図11　折り込む場合※

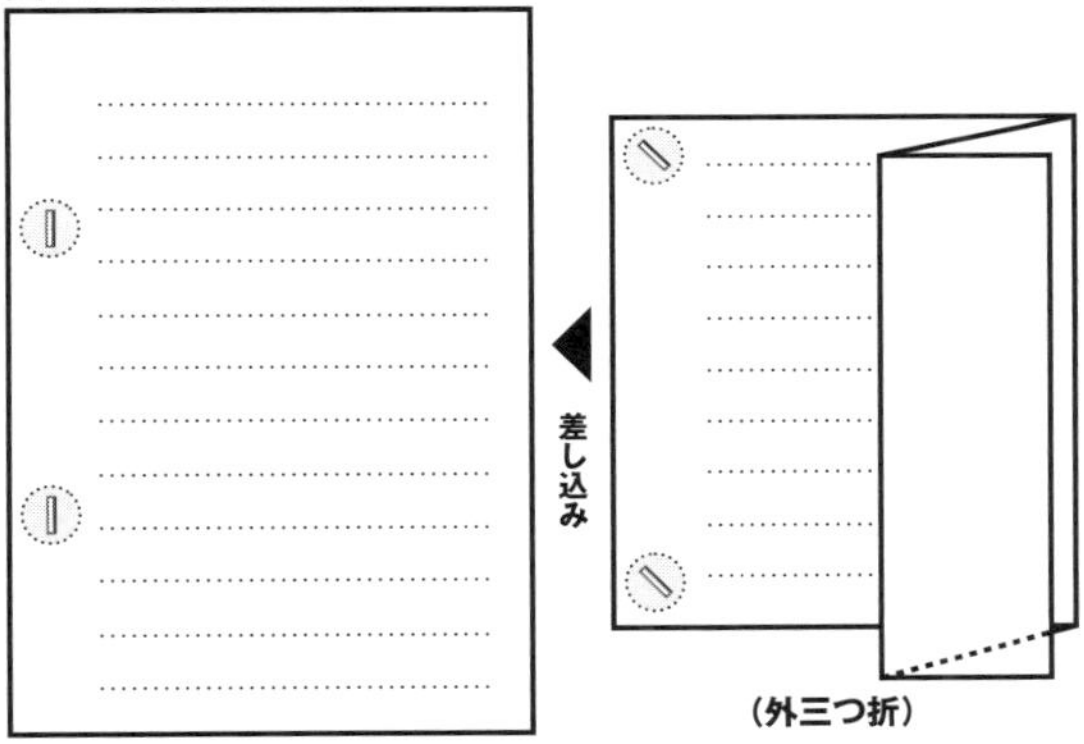




※折り込む用紙は、綴じ部を残して「外三つ折り」にしておく。

# 5 当日の講師対応

■講師来場時間は15分～30分前程度でよい。それ以上早く来場を要求しない。
■振込依頼書等は必ず予備を会場に備えておく。
■配付資料は一式分を打ち合わせ時に必ず講師に手渡す。
■控え室は椅子と机を用意するのが望ましい。
■茶菓子や手土産にも配慮が必要。

## 1 講師来場時間

講師来場時間は15分～30分前程度がよいでしょう。あまり早い到着を求めても、講師に長々と退屈な時間を過ごさせるだけで、担当者も気疲れすることになります。担当者としてはできるだけ早く来てほしいのですが、講師としてはできるだけゆっくりしたいと思っているでしょうから、こうした立場を考慮して到着時間を決めることが大切です。※

※公共交通機関の都合では、それより早めの来場もやむを得ない。

以前、15時30分から研修を依頼したいという連絡があったので、14時30分に大学の授業を終えれば大丈夫だと判断して承諾しました。すると、後日、打ち合わせがあるから、14時30分に来てくれと書かれたメールが届きました。無理です。

⇒当日の打ち合わせが必要な場合には、依頼時にその時間から依頼する旨を伝えておく。

## 2」講師控え室

講師控え室と来賓控え室が一緒になっている場合がよくあります。しかし、それだと講師がかなり気疲れするものです。初対面に人たちと名刺を交換したり、話題を無理矢理つくって話をしなければならないからです。

以前、ある県教育委員会の講演の折、控え室で教育長と名刺交換を行いましたが、その後に議会議長が入ってきて、教育長と話をはじめました。私には訳の分からない話で、20分くらい放置状態にされたことがあります。結局、私は理由をこじつけて部屋を退出し、会場のホールの客席に座って開始時間を待ちました。

控え室では、講演等の準備ができるよう、講師一人にしておく配慮も大切です。また、控え室に和室が充てられていることも珍しくありません。ただ、足腰の具合のよくない講師だと、大きな負担になります。できれば、**控え室には机と椅子を用意する**ようにします。なお、控え室が用意できない会場ならば、来場時間は直前

(15分程度)にするのが望ましいと思います。

## 3 茶菓子等

宗教上の理由などからお茶が飲めない講師がいます※。その場合には、水でよいと思います。菓子類を用意する場合には、せんべいやクッキー類はあまり望ましくありません。喉が渇くし、講演時に食べかすを飛ばしてしまうかもしれませんね。

## 4 関係資料の受け取り

近年は講師謝金を銀行振込にするようになりました。そのため、事前に振込依頼書を講師に送付し、記入済み書類を当日持参するよう求めることがあります※。

しかし、多忙な講師だと、書類の持参を失念することがあります。また、講師によっては、担当者から後日に郵送するよう要請されていても失念することがあります。当然、支払い手続きが遅れるので、担当者としては困ってしまいます。

そこで、**振込依頼書等は必ず予備を会場に備えておく**とよいでしょう。どちらかと言えば、多忙な講師ほど印鑑を常時携帯しているものです。印鑑も持参して来なかったときには後日郵送になりますが、この場合も返信用封筒を用意しておきます(返信用封筒もないと、返送がかなり遅れる可能性があります)。

⇒謝金振込関係書類等は、予備も当日用意しておく。

---

※たとえば、キリスト教系のモルモン教徒。喫煙も厳禁。

※銀行口座番号等は、キャッシュカードに記されているので、できるだけ当日の処理で済ませたい。印鑑等の持参はあらかじめ連絡しておく。

## 5 当日の打ち合わせ

### ①講演等の開始と終了の時間を確認する

当日の打ち合わせは重要です。しかし、打ち合わせなしでも済むことが少なくありません。長年講師を務めさせていただいている、ある**教育センター**※の研修では、開始5分前に到着し、そのまま会場に向かってもなんら支障はありません。

一方、打ち合わせしたいので30分前に来てほしいということだったのですが、その時間は世間話で終わってしまい、肝心な終了時間等について知らされずにいたこともありました。講演等の開始終了の時間を確実に伝えておく必要があります。

パワーポイントを使用する場合には、講話予定時間が延長しがちです。特に、シンポジウムのスピーカーのうち、事例発表などを行う人にそうした傾向が顕著です。用意したスライドを全て投影しながら説明しようとするからです。ベテランのスピーカーだと、上手に端折る術を心得ていますから心配ありませんが、発表に慣れていない人だと、応用が利きません。そうした**発表者には打ち合わせで再度予定時間を伝えておきましょう。**

ちなみに、打ち合わせ時間を60分もとっていることもあります。しかし、せいぜい30分以内で足りるはずです。60分以上だと講師は退屈な時間を過ごすだけでな

**※教育センター**
地方公共団体が設置する教育研修期間の一つ。
その事業には、①教育に関する調査研究、②研修員等に対する援助・指導、③教育関係職員の研修、④教育相談、⑤資料の収集と活用、⑥公開講座の実施、などがある。元々は教育研究所という名称であった（今野喜清・新井郁男・児島邦宏編『新版学校教育辞典』教育出版、2003年、207頁を参照）。

く、かえって疲れてしまい、本番で元気が出なくなります。

**②講演前後の動き方を伝える**

開始時と終了後の講師の動き方についても伝えるのを忘れないようにします。講師登場のタイミングはプロフィール紹介の前なのか後なのか、講師席に着席するのかしないのか、また、終了後は、そのまま降壇してよいのか、講師席に一端着座するのかなどついて知らせておきます。

**③講師に、参加者に当日配付する資料を一式手渡す**

講師には、講師のレジュメを含めた配付資料1セット分を手渡します。※ レジュメ原稿とプリントされたものの頁が違っていたり、図版がずれていたりすることがあるからです。また、当日、講師が原稿を持参していなかったり、カラー原稿がモノクロ印刷になっていたりすることもあります。レジュメ以外の資料を含めて完全な形で1セット手渡します。

**④会場レイアウトを提示する**

会場のレイアウトについても示しておきます。※ 講師の立ち位置や受講者等の席位置、スクリーン等備品の配置などを知らせます。

**⑤受講者/参加者の状況を明示しておく**

※原稿を返却するとともに、プリントした配付資料も手渡す。

※時間的余裕があれば、講師に会場を直接見てもらう。

受講者等のおおよその人数などを講師には伝えておきます。受講者名簿等を作成し、講師に手渡す主催者もいますが、これができなければ口頭でもよいと思います。

**⑥記録用の録音や写真撮影の了解を得る**

打ち合わせのときに、記録用の録音や写真撮影を行うときには（特に講師の顔を撮影する場合）、講師の了解を得ておく必要があります。また、ホームページや記録誌等で公開したい場合には、その旨の許可を得ておきます。

## 6 手土産

民間機関主催の講演などでは手土産を講師に手渡すことがあります。そうした手土産の必要性の有無はともかくとして、次のような手土産は避けるようにします。

○**嵩《かさ》張るもの**…手提げ袋があればよいが、できるだけコンパクトなものにする。※

○**重いもの**…講師は持ち帰りが大変になります。

○**生花など日持ちしないもの**…特に遠方から招いた講師には適さない。

○**酒類など個人の嗜好が影響するもの**…地酒などは酒好きな方にはよいが、そうでない人には向かない。お菓子なら、甘いものが好きでない講師でも家族や職場で分けられるので、困ることはない。

○**こわれ物**…小さいものなら気にならないが、大きなものだと困らせる。

※花束ならば、これを入れる手提げ袋は必須。

図12　手土産

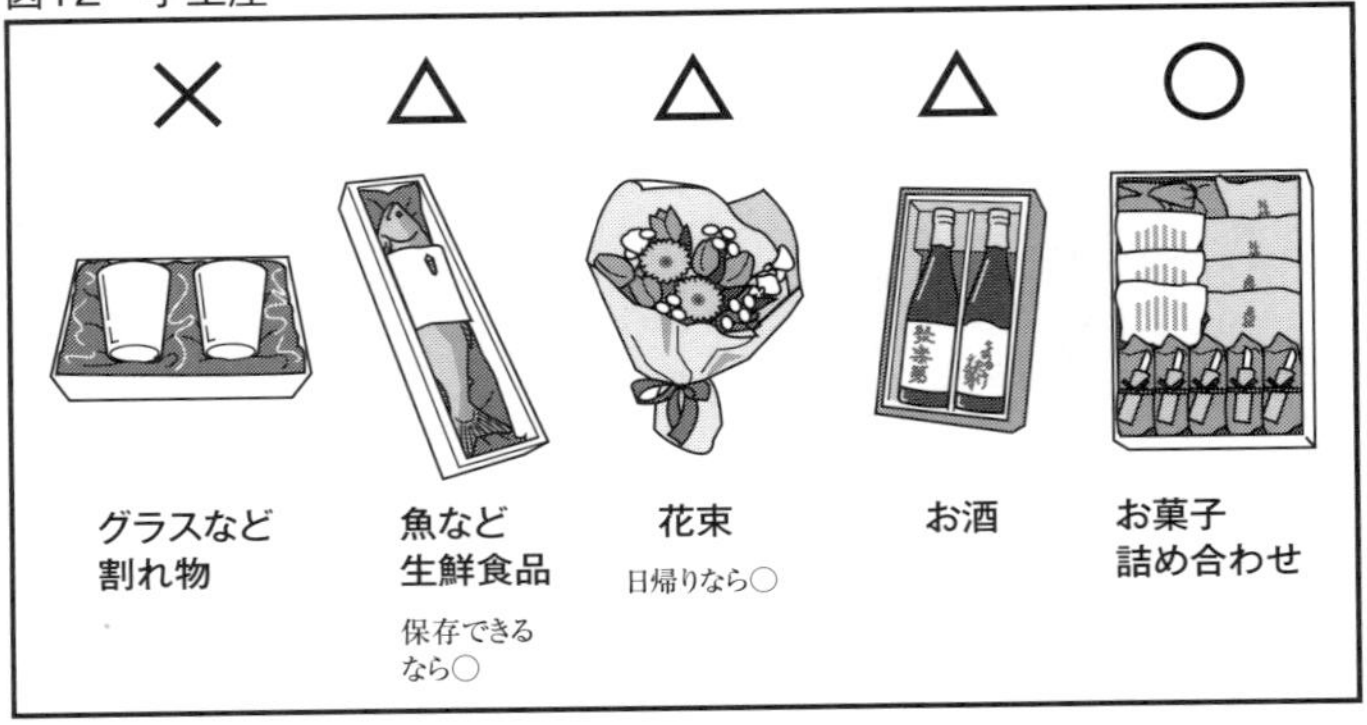


ときどき、一升瓶のお酒をいただくことがあります。正直に言って、「どうしよう？」という気持ちになります。重く、嵩張り、割れやすいという3重難に直面するからです。

ＰＴＡ大会などでは、立派な花束をいただくこともあります。当日、宿泊がなければよいのですが、泊まりがある場合には当惑します。以前、ホテルで花束と一緒に一晩過ごしたことがあります。

一番喜ばれるのは、講師が家族や職場への土産として購入しようと思っていたような日持ちのする食品だと思います。名産の菓子類などが無難です。

以上のような準備と対応の後に、実際の研修・講座が始まります。その後の担当者の役割については次章で述べていきます。

# 8

研修・講座のつくりかた

## プログラム実施中の
# 担当者の役割

この章では、研修・講座のプログラムが始まってからの担当者の動きかたについて述べていきます。担当者が裏方に回ることがありますが、司会進行なども行うことが少なくありません。また、副担当として何をすべきかも頭に入れておく必要があります。少なくとも、担当者はディレクターとしての役割を果たすことが必須になります。司会進行やオリエンテーションのテクニックから、副担当者や補助者の活かし方、終了時の行動にわたって役割をこなしていきます。

# 1 プログラムの開始時

■学習内容や雰囲気に適した服装で臨む。
■プログラム開始前に空調や照明など教室環境を整えておく。
■プログラムは、予定時間よりも10分以上遅らせないようにする。
■開始時間が遅れても、終了時間は遅らせないのが基本。

## 1 服装等の準備

担当者は、受講者の前に出るときには服装にも配慮します。担当者の語りとビジュアルは、研修・講座に対する受講者の第一印象に大きな影響を及ぼすからです。学習講座や講演会ならばブレザー等の着用が基本ですが、キャンプ教室など野外の実技ものならばむしろブレザーよりも、ジャンパーなど活動的な服装のほうがよいでしょう。※少なくとも、これらと逆の服装は避けるようにします。

そのほか、靴（サンダル履きはダメ、野外なら運動靴などで）、頭髪（ボサボサ

---

※服装等はＴＰＯによるが、基本は、学習者や学習の雰囲気に合わせるということ。野外活動でスーツを着たら、担当者と学習者の心理的距離が広がってしまう。

頭は整える)、アクセサリー(派手目は避ける)なども気にかける必要があります。

## 2 空調など教室環境のチェック

開場時間は最短でも30分前に設定します。したがって、開場時間から空調を調整するのではなく、その時間までに空調が整えてある状態にしておきます。照明のちらつきの確認も必要です。

実際には、開場時間よりも早く到着する人がいるので、その人の対応も想定しておくようにします。場合によっては、開場前でも入場してもらうよう配慮します。

## 3 時間の管理

予定した参加者が少ないからといって、開始時間を遅らせることがよくあります※。それも仕方がない場合があります。ただし、**開始時間から10分以上遅らせないようにします。**

仮に10分程度遅らせるならば、その間、参加者に担当者として興味を惹くような話をしたり、何か活動してもらったりすることが大切です。説教じみた話ではなく、参加者が得をしたと思うような情報を提供するのです。

たとえば、次の囲みにあるようなワザを披露してもよいでしょう。

※以前、講演の後に、シンポジウムが組まれている事業があった。その講師はテレビにも登場する著名な方で、当日、交通事情により遅延する旨の連絡を入れてきた。そこで、担当者は機転を利かせ、シンポジウムと講演の順序を入れ替えて、無事に事業を終えることができた。そうした対応も想定しておく。

**〈「間」が空いたときに～なぜかくっついて離れない薬指〉**

①両手５本の指先を左右それぞれくっつけます。ちょうど、ボールを包むような感じにします（手の付け根は離してかまいません）。

②５本の指のうち、中指の第二関節だけを背中合わせにしてつけます。※他の指は先をつけたままにしておきます。

③その形にしたまま、まず、左右の親指だけを離すようにします。むろん、離れます。親指を元に戻してくっつけてから、今度は人差し指を離すようにします。離れた人差し指を再びくっつけます。薬指をとばして、小指を離して戻します。いずれの場合も、中指は背中合わせのままです。

④そして、最後に、薬指を離すようにします。あれっ、全く離れようとしません。頑張っても離れません。これだけで、普通は場が盛り上がります。

⑤「だから、結婚指輪は薬指にするのです」と説明してみましょう。

ポイント→親指は母指（ぼし）、人差し指は示指（しじ）、中指は中指（ちゅうし）、小指は小指（しょうし）、そして薬指は環指（かんし）だと説明し、指輪をするから「環指」だと説明すると、多くの人は頷いてくれます。

**※なぜかくっついて離れない薬指**

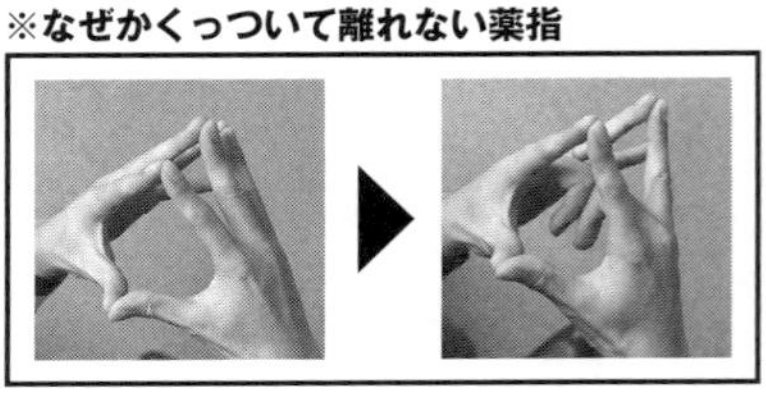

⇒結婚披露宴の挨拶にも使えるワザです。

（ある解剖学者から聞いたワザです）

また、関係資料を用意・配付し、その解説を入れてもよいと思います。そうした時間の遅れを想定して、何か準備しておくことが大切です。

そして、たとえ**開始時間が遅れても、終了時間は延長しないのが原則**※です。有料事業で、高い受講料を払っているのだから、時間分講義や指導を受けたいという要望があれば別ですが、普通は、帰りの時間や次の予定にしわ寄せがきたり、会場の都合があったりするので、時間どおりに終了するようにします。

開始の遅れの有無にかかわらず、ベテラン講師等には、時間が長引きそうなときには、「みなさん、もう少しよろしいですか」などと反応をみる人もいます。会場の都合がよければ、講師に任せることにします（帰りたい参加者はそれぞれ帰っていきます）。

※時間延長は、帰りの列車の時間などに影響する。

## 2 セレモニー／オリエンテーションのもちかた――参加意欲をくすぐる

■主催者等の挨拶原稿は８００字以内と短めにして、文字を大きく、枚数を多めにしておく。
■挨拶は、順番に制約がなければ、話が短めの人を最初に置く。
■オリエンテーションでは、注意事項とともに、何ができるようになり、何がわかるようになるかを伝える。

教育委員会や行政が主催する公的な学習事業は、とかくセレモニーが長くなりがちです。担当者の進行に始まり、管理職等の挨拶、担当からの注意事項、他の職員による講師紹介などで15分くらいを費やすのが一般的です。

大きな講演会になると、そのほかに、来賓紹介と来賓代表挨拶等が加わります。参加動機の弱い人なら、これだけでもう帰りたくなってしまうかもしれません。

そこで、以下のような工夫を試みてください。

**①主催者や来賓の挨拶の原稿は800字以内に絞る**

800字原稿※の場合、1枚の文字数を少なくし、枚数を多めにします。200字×4枚がよいと思います。そうすると、原稿を手渡された相手は、短い時間ででも、読み応え(挨拶の実感)を感じやすくなります。

**②複数の人に挨拶を依頼する場合、話が短めの人を最初にもってくる**

最初に挨拶が長めの人に登場してもらうと、次の人にも影響を及ぼし、みんなの挨拶が長めになりがちです。挨拶の順番に制約がなければ、話が短そうな方に最初に登場してもらいましょう。

**③オリエンテーションでは、学習内容に関係ないことを取り上げない**

趣旨やねらいの説明よりも、**何ができるようになるか/何がわかるようになるかを伝えることを重点に置きます。**併せて、注意事項や運営方法、期待などを伝えておきます。※

実技教室などでは、終了時には何ができるようになるかを予想させることが大切です。英会話教室ならばアメリカでちょっとした買い物ができるようになると説明し、テニス教室であれば簡単な試合ができるようになる旨を伝えればよいのです。

**※800字原稿**
ゆっくり読めば、だいたい3分程度の時間になる。アナウンサーならもっと早く読むが、挨拶はかみしめるような読み調子なので、時間を要する。

**※注意事項などに対する質問**
たとえ質問がなくても理解されているとは限らない。「わからないことが、わからない」場合があり、また大勢の前では質問するのに勇気がいるからである。わからないには、①知らないからわからない、②理解できないからわからないの2種類があるという指摘もある(木暮太一著『学校では教えてくれない「分かりやすい説

趣旨やねらいとはあくまでも主催者側の都合であって、参加者の関心外のことですから、それらを参加者の立場に置き換えて話すことが大切なのです。

**Column**

私が教育委員会に勤務していたころ、ある教育フォーラムで主催者代表が約20分も延長して挨拶したことがありました。代表は教育委員会が委員として委嘱した高名な学識経験者だったので、短縮するよう指示しにくかったのです。

私はヘルプとしてかかわっていたのですが、主担当者は分刻みでプログラムを組んでいました。挨拶の後には、来賓挨拶・紹介、フォーラムの趣旨と進行の説明、諸注意、基調講演、シンポジウム形式のフォーラム、講評などが組まれていたのです。

担当者は細かな時程を組んだために、その後の進行に四苦八苦していました。

このようなこともあるので、分刻みの細かな予定を立てると、融通が利かなくなることがあります。結局、基調講演を5分、シンポジウムの時間を10分、質疑時間を5分ほど短縮してもらうようにしました。

ちなみに、長々としたその挨拶のときの会場には、居眠りや私語を交わす参加者が目立ちました。

明」のルール』光文社新書、２０１１年、39、40頁）。

# 3 司会のテクニック

■司会者は、脇役に徹する、時間進行を管理する、公平な立場に立つ、雰囲気づくりに配慮する。
■参加者から拍手をもらったら、必ずレスポンスする。
■時間超過気味のときや大規模講演会では、無理に質疑を入れない。
■終了時には、「ありがとうございました」の一言を添える。

事業担当者は、企画だけでなく、司会を務めることもあります。全体進行なのか、シンポジウムのような討議の進行なのかによってその役割は異なりますが、ここでは、それらに共通する役割とコーディネーターとしてのポイントについて述べておきましょう。

## 1」司会者の役割

司会は、プログラムの開始と終了の節目を告げるだけでなく、プログラムの進行を円滑にする役割も果たす必要があります。そのためには、以下の役割を十分認識しておくことが大切です。

**①司会者は脇役に徹する**

言うまでもなく、研修・講座や講演会の主役は講師等です。司会者は目立ちすぎる態度や言動を控えます。服装はもちろん、関心や笑いを取りすぎないよう自重します。やさしい笑顔で参加者に向かうのが基本です。

**②時間進行を管理する**

いわゆるタイムキーパー役をこなしつつも、発言の終始時間を管理します。たとえば、主催者の挨拶が予定よりも長くなった場合には、自分の発言を短縮して時間調整を図ります（つかみで用意していたような話題を縮める）。

**③公平な立場に立つ**

自らの考え方や態度を表明せず、公平な立場から進行に努めます。また、質問等が顔見知りの参加者からあった場合、「〇〇さん」と名前を呼ばずに、「そちらの方」のように返します。名前を呼ぶと、名前を知られていない参加者にアウェーな感じを与えてしまうからです。※

※名前を呼ばれなかった参加者は、内輪の集まりに自分が混じってしまったかのような感覚に陥ることがある。

### ④雰囲気づくりに配慮する

講義・講演の終了時には、少し間をみて、講師等に対して「ありがとうございました」と言葉を入れると、自然に拍手が湧きます。講話や発言等の節目ごとに、そうした言葉を入れると温かな雰囲気がつくられます。

## 2」司会者の立ち位置

司会者は、主人公ではなく、側面からプログラムの進行に努める存在ですから、通常は舞台や教室の中央に立つことはありません。講演会や研修会では来賓や講師を引き立たせるために、左右いずれかの端に位置しますが、**普通の舞台では下手※に立つ**ような環境になっています。

しかし、研修室や会議室などでは正面を見て右手にドアが設置されていることが多いので、この場合には出入り口、つまり右手に立つこともあります（左手＝出入り口から見て奥に立つと、動きに支障が出るので）。

## 3」開始時のテクニック

事業の最初には、「みなさん、こんにちは」などと簡単な挨拶から始めます。普通、このような挨拶に対して、参加者の半数以上は反応してくれるものです。たとえ反応が弱くても、司会としては「元気がないですね。もう一度言いましょう。み

※**下手**
客席から見て左側。

なさん、こんにちは」などと挨拶を強要するのは避けましょう（講師が言うのならよいですが）。かえって寒い雰囲気がつくられてしまうからです。

ちなみに、最初の挨拶では、「（客席全体を見渡した後に）みなさん、（1～2秒程度の間をとる）、こんにちは」などと「間」を入れると、拍手が大きくなります。

挨拶を全く抜きにして、「これから研修会を始めます」とすぐに話し始めると、儀式的になってしまいます。

また、司会の自己紹介後に、参加者の一部から拍手がまばらに起きることがあります。そうしたときには、無視しないで、拍手があった方面を笑顔で向きながら、「ありがとうございます」と嬉しそうに話すと、全体から拍手が起こり、和やかな雰囲気になります。※ そうしたレスポンスを欠くと、拍手した人が恥をかくような状況を招きます。

## 4「質疑」の置きかた

大きなホールの講演会の終了直後に、よく質疑の時間を設定していることがあります。しかし、講演が終わり、大きな拍手があった直後に、質疑の時間を取って参加者に「質問はありませんか？」と呼びかけても、大勢の人前ではなかなか手が上がるものではありません。※ 質問があればよいのですが、まったくない場合には、何

---

※このことは「好意の返報性」という視点からも説明できる。相手が自分に好意を示していると、これに応えようとする意識や態度が生まれる（加藤義明編『社会心理学』有斐閣、1987年、20頁）。

※池上彰は、質疑応答を入れるなら、あらかじめ時間配分を説明しておくとよいと述べている。「いきなり『では、質問ありませんか』と言われると、心の準備ができていなかった人たちはみんな引いてしまって、場内はシーンと静まりかえ」ると指摘する（池上彰著『わかりやすく〈伝える〉技術』講談社現代新書、2009年、22頁）

か白けた雰囲気が生まれてしまいます。

せっかく盛大な拍手で講演が終わったのに、最後はしゅんとした感じで幕が閉じられことになります。**大規模な講演会での質疑は特別な事情がなければ不要です。**

また、**講演・講義が質疑応答時間に及んだときにも、質疑は省略してよいでしょう。**参加者は帰りの時間を気にしますから、たとえ質問したいことがあっても遠慮する傾向にあります。質問がないと、なんとなく白けた感じで終わってしまい、後味がわるくなります。

**5」終了時のテクニック**

終了時に、参加者に拍手を求めたいときには、最後に、「ご参加いただきましたみなさまに、感謝を申し上げて終えたいと思います。本日は、(1～2秒程度の間を空ける) どうもありがとうございました」と閉めれば、十中八九拍手してくれます。

「(どうも) ありがとうございました」が閉め言葉のポイントです。

**6」コーディネーターになったとき**

担当者がシンポジウムやパネルディスカッションなどの公開討議の場でコーディネーター役を務めることがあります。

### ①シンポジウム等の趣旨と進め方を説明する

開始直後に、今日のシンポジウム等の趣旨と進め方を説明しておきます。趣旨説明の後、登壇者の発言時間、質疑の置き方と時間、休憩の有無、終了時間などを伝えます。なお、進行具合によっては時間を変更してもかまいません（終了時間は厳守）。

### ②発言を促すとともに、長すぎる発言を止めるよう工夫する

討論の進行では、長すぎる発言を止めたり、短すぎる発言をふくらますよう相手を入れたりします。発言が長いときには、ちょっとした「間」に「そうですか」などと入れて、話のペースを自分にもってくるのです。発言や回答が少なめの登壇者に対しては、指名して発言を促すことも考えます。

あるベテランコーディネーターは、時間を超過した場合には、登壇者に対して、「なるほど、なるほど」と話しかける旨を伝えておくそうです。「時間になりました」よりは柔らかい言葉ですね。

### ③参加者を公平に扱う

シンポジウムなどの進行では、登壇者や質問者の発言時間や指名が偏らないよう配慮します。※ 司会のところで述べたように、コーディネーターとしてもフロアの質

※フロアの質問者から特定の登壇者に質問が集中することがある。そうしたときには、質問がない／少ない登壇者に対して、コーディネーターが質問を投げかけるよう配慮する。

問者の名前を呼ばないよう心がけます。

質問者には、あらかじめ所属や氏名の表明を最初に求めます。その場合、「**お差し支えなければ、ご所属とお名前をお教えください**」と述べておきます。記録にも役立ちます。ただ、差し支える人もいるでしょうから、強制しないようにしますが、たいていは「差し支えない」人です。

**④発言の後に、謝意を添える**

シンポジウム等の登壇者の発言ごとに、少し間を置いて「ありがとうございました」と言葉を添えると、拍手が湧き上がります※。

登壇者によっては、自分でその言葉で終える人もいますが、このときにも拍手が起こります。

**⑤まとめる**

登壇者の発言はもちろん、フロアからの意見や質問なども踏まえて、シンポジウムをまとめます。

要点を箇条書き風に集約して、最後に感想を加えるとよいまとめになります。



※登壇者自らが、「ありがとうございました」と発言すると、拍手が起きるので、この場合には司会のお礼の言葉に対しては拍手が起きない傾向がある。

# 4 研修中と終了時の対応

■会場の前方に着席して、講師の指示に応える。
■室温や機器不具合など、学習の進行を妨げる要因を取り除く。
■講師に感想が伝えられるよう講演・講義を聴いておく。
■講師が持参したUSB等の教材・教具や図書・資料等を忘れないよう返却する。
■受講アンケートは、できれば事前に講師の了解をもらってから実施する。
■礼状を送付するなら、簡単な感想や受講アンケート結果を添えておく。

## 1 研修中の役割

### ①学習者と共に着席しつつ、プログラム実施中は講師等の指示に対応する

ときどき研修中、特に連続講座※ものの場合に、担当者が会場を離れて執務室に戻ってしまうことがあります。しかし、そうすると、プログラム進行や事業評価に支障が出るでしょうし、そもそも依頼者として講師に失礼になります。どうしても

※**連続講座**
定義的には、同一テーマの下で複数回のコマが組まれる講座のことを意味するが、実際にはコマ数の多い講座のことを指す。したがって、担当者は、回を重ねるにつれて講座の雰囲気を把握できるようになるので、雰囲気は変わらないと認識して執務室に戻ってしまいがちになる。

戻らねばならないときには、失礼する旨を講師にあらかじめ伝えておきます。

原則として、担当者は会場の前方に着席します※。講師から指示があったり、機器や教具の不具合が生じたりしたときに迅速に対応できるからです。

複数の担当者がいる場合には、あらかじめそれぞれの役割を講師に伝えておきます。パワーポイント担当は誰で、司会進行は誰という具合にです。スライド使用の開始と終了時の室内照明のオン／オフなどもタイミングよく行います。

## ②学習者と講師等の様子を観察し、支障を取り除く

学習者と講師の様子、そして教室環境を十分観察するよう努めます。室温の高低が学習者の支障になっていないか、講師が使用しているチョークやカラーマーカーの状態に不備がないかなどを観察します。私が講演中に喉がからみ出したときに、タイミングよくミネラルウォーターを追加してくれた担当者がいましたが、なんと気の利く人だと思いました。

また、実技関係事業では事故や怪我などが起こらないよう安全管理にも気を遣います。

## ③指導についても感想が伝えられるよう努める

プログラム終了後には、講師に簡単な感想が伝えられるよう学習者と同様に講義



※講師の正面を避けて、機器等の操作がしやすい側（左右）に着席する。

を聴いておく必要があります。講師は自分の話や指導がどのような反応だったのか知りたいものです。それなのに、担当者がそうしたことに全く触れないままだと、講師は不安な気持ちになることがあります。

そこで、「お話の中の、○○について、とても参考になりました」程度でもよいので、感想を伝えるよう心がけます。講師によっては、担当者に感想を求める人もいるので、担当者として、学習内容をしっかり押さえておくようにします。

## 2 終了後の役割

### ②講師持参の教材・教具等の返却を忘れずに行う

講演・講義後に、講師が持参したUSB機器やCDなどをパソコンから取り外し忘れることがあります。また、講師が回覧用として持参した図書や資料を持ち帰り忘れることもあります。※

担当者としては、USB等の教材・教具や図書・資料を忘れずに講師に返却するよう留意します。そのためには、使用機器や会場をよく確認しなければなりません。

### ③参加者の忘れ物がないかを確認する

終了直後には、参加者の忘れ物がないか、会場を確認します。机上はもちろん、机下の棚や椅子の下部などを点検して会場を回ります。主担当者以外が行うのが基

※講師が配付したチラシ等に残部がでたときには、講師にその扱い方を確認しておく。廃棄や主催者保管なのか、講師が持ち帰るのか。

本です。主担当者は講師に対応するからです。

### 3 受講アンケートの実施

参加者に受講アンケート等を実施し、学習事業の評価に活用することが多くなりました。指導内容の善し悪しに関する設問が盛り込まれるのがほとんどですが、5分程度で回答できるボリュームにします。

また、直前でもよいので、講師等にはアンケート内容を提示し、承諾を得たほうがよいでしょう。※アンケートの集計結果と自由記述等も、事後に講師等に送るよう努めたいものです。

### 4 礼状の送付

プログラムの終了後、数日くらいおいてから礼状を出すのが礼儀なのでしょうが、講師としてはあまり気にしていない人が多いと思います。私も礼状をもらわなくても全く気にならないし、形式的な文言が並んだ礼状をもらっても特に嬉しいとは思いません。

礼状を出すならば、担当者としての感想などを添えたり、受講アンケートの結果を書き込んだりしたほうが講師には参考になるので、ありがたいと思います。

＊



※アンケート結果を記録誌などで公開する場合には、必ず講師の了解を得る。講師本人が知らないままに、勝手に評価され、その結果を公開されているとしたら、問題になる可能性がある。

以上に述べてきたことで、1つの研修・講座が終了します。言うまでもなく、本書第1章から第8章までに述べたことは、あらゆる場合に当てはまるというわけではありません。学習テーマや**参加者の属性**※、学習形態と規模、会場の条件など多様ですから、いろいろな対応の仕方もあるでしょうが、少なくとも研修・講座の担当者に留意してもらいたいこと、あるいは企画・運営のポイントなど、参考にしてもらえたらと思っています。

---

**※参加者の属性**
属性とは、性別・年代・職業・居住地域などその人にかかわる客観的な情報のこと。

# 9

研修・講座のつくりかた

## 研修・講座の評価

私たちは「評価」というと、すぐに在学時代の学業成績を思い浮かべます。各教科が5点法やABCなどで評価された通知表です。また、人事評価をイメージする人もいるでしょう。

そうした評価は、研修・講座などの学習事業でも用いられるようになりました。ただ、現在は、学業成績のようにしっかりした方法で実施されているわけではありません。

学校でも、大学以外では授業評価を対象にした評価はいまだ普及していると言えません。しかし、研修・講座の学習効果を測定し、また予算付けの根拠とするためにも、事業評価が必要視されてきています。

この事業評価で1つの研修・講座の仕事は締めくくられます。

# 1 受講アンケートによる評価

■アンケートと「評価」は同じではない。アンケート結果をある基準に基づいて解釈するのが「評価」である。
■受講アンケートは「評価」のデータになるが、講義・指導のありかたを問いたいのか、受講者の状況を問いたいのかを区別する必要がある。

## 1 アンケートと評価の違い

### ①数値の高低だけで判断するのは評価ではない

研修・講座などの学習事業の評価が重視されるようになりました。研修・講座終了後に行う受講アンケートが評価の主たるデータとして活用されます。

ときどき、アンケート結果をそのまま評価として扱ってしまうことがあります。評価票※とアンケート調査票が似ているからです。しかし、アンケートと評価は同じことを意味しているわけではありません。

※**評価票**
複数の評価項目を、ABCや5点法などの方法で、評価者がチェックするための票簿のこと。評価者が自身を評価する形態は自己評価、第三者が対象を評価する形態は第三者評価と呼ばれる。

たとえば、次のようなアンケート結果を得られたとします。

Aという質問に対して、「はい」の回答が90％
Bという質問に対して、「はい」の回答が10％

AとBを比較して、Aの回答がBよりも80ポイント高いことになります。しかし、Aの質問が「生まれてからご飯を食べたことがあるか」（日本人に対して）という質問で、Bが「オリンピックに出場したか」（選手村以外のところで）という質問だとしたらどうでしょうか。ご飯を食べたことがある日本人は90％で、オリンピックに出場した人は10％だということがわかっただけです。ここまでは、「評価」ではなく、アンケートのレベルです。

**②評価基準があってこそ「評価」になる**

一般的に考えれば、前者については、日本人でご飯を食べたことがある人は100％近くいるのではないかと思うので、「90％しかいない」と解釈し、後者については、選手村でもない限り、出場者はほとんどいないだろうと想定するので、「10％もいる」と解釈するのが普通です。つまり、**ある期待水準**※（評価基準）を設

※**期待水準（評価基準）** あることが起こりうる割合を、実際に得られた割合を判断するための水準・基準とすること。なお、教育評価では、「基準」と「規準」を区別している。評価基準は、A・B・Cなどの判定水準を数字や文字、記号で示した指標を意味する。「十分理解している」＝A、「ある程度理解している」＝B、「努力を要する」＝Cなどのような判定基準のことを言う。これに対して、目標とする事柄を文で表わしたものは評価「規準」とされる。たとえば、「学習したことは仕事に活かせると思うか」などは「規準」になる。

定し、データをその水準に則して価値づけるのが「評価」なのです。

研修・講座の場合には、講義や指導の内容が評価に大きく影響します。たとえば、「学習した成果がすぐに活用できるか」という項目を設定してアンケートを実施した場合、英会話教室とパソコン教室では「はい」の解釈が違うはずです。英会話だと学習内容が身につくには長期間を要しますが、パソコンならある程度までは短期間に身につき、活用できるからです。むろん、学習者の属性も影響するので、パソコンでも高齢者が多いと、その回答値は下がることになります。

ようするに、**単にアンケート結果の数値が「高い／低い」という見方だけで評価すべきでないということです**。あらかじめ、評価基準を設定していなければ「評価」とは言えず、単なるアンケート結果の数値にすぎないわけです。

評価を行うのであれば、評価基準をあらかじめ設定しておく必要があります。少なくとも、アンケートのデータは対象の特性や条件を考慮して解釈しなければなりません。バイアス※がかかるからです。

## 2」受講アンケートの二面性

### ①講義・指導のありかたを問うこと

受講アンケートは通常、2つの側面をもっています。1つは講義・指導のありか

---

**※バイアス**
本当の姿からのズレをバイアス（bias）と呼びます。このバイアスの問題性を興味深く考慮した文献に、谷岡一郎著『「社会調査」のウソ』（文春新書、2000年）がある。調査の問題点を鋭く指摘している本なので、一読を薦めたい。

たを問うもので、もう1つは、受講者がどの程度理解できたか（技術等を身につけられたか）を問うという側面です。

たとえば、「講義はわかりやすかったですか」という質問は、講義のありかたと学習成果の両面を問うこととなります。「わかりにくい」としたら、これは講師の話し方だけでなく、受講者の能力にもかかわることだからです。※

講師の講義・指導のありかたを問うならば、「話しかたは理解しやすかったですか」「声はよく聞き取れましたか」「具体的な例を取り上げて話していましたか」（具体的な例があるとわかりやすいのが通例）などのように質問します。

### ②受講者の学習結果を問うこと

一方、受講者の理解の程度を把握したいならば、「講義で新たな知見を得ましたか」「学んだことはこれからの生活に役立つと思いますか」などとします。あくまでもテスト調にしないよう留意します。

ただし、実際には、講義の仕方と受講者の資質・能力の2つの側面がアンケート結果に影響するので、担当者から見た「話の理解しやすさ」を基準にして結果を解釈することになります。

※「わかりやすい」か「わかりにくい」かは、受講者の資質・能力も影響するので、評価が大きく割れることがある。

# 2 学習事業評価のありかた

■アンケート結果は、客観的なデータであるとは限らない。諸条件に左右されるからである。
■評価の信頼性とは、測定したい事柄が正確に測定されているかどうかということ。
■評価の妥当性は、測定したい事柄が適切な方法で測定されているかどうかということ。

## 1 評価の客観性

### ①アンケート結果は2つの意味を含む

アンケートは必ずしも客観的なデータを示すわけではありません。回答者の主観や能力に大きく左右されるので、調査対象とされた事柄の真の実態を表しているとは言い切れないからです。

たとえば、A講師の講義に対して「満足」だとした回答が40％※だとすると、この結果は、前述したように二つのことを意味します。

一つは、その講義に対して、「満足」な人が40％いたという受講者の実態です。もう一つは、「満足でない」人が半数以上の60％もいたので、その講義は満足させられないものだという講義に対する感想です。

普通、研修・講座の担当者は後者の意味で解釈しがちです。そこが問題なのです。

### ②必須研修か否かなど様々な要因も結果に影響する

一例をあげてみましょう。必須の職員研修と任意参加の職員研修があったとします。必須の研修は、参加意欲の高低にかかわらず参加を強制されますが、任意研修は参加意欲のある職員が多いはずです。

**必須研修は任意研修よりも「満足度」が低くなっても仕方ありません。**※むろん、テーマも影響します。必須研修は、テーマへの関心の有無を問われずに参加が強制されるからです。

そのほか、会場の広さ・参加者数・環境もアンケート結果を左右します。狭い会場だと講師の声がよく届き、「わかりやすい」という回答が増える傾向になります。

※**大学の成績評価の場合**
60点未満＝D（不合格）、60点台＝C、70点台＝B、80点台＝A、90点以上＝Sなどと扱う。C以上で単位を授与する。何となく、このような評価基準が大学以外でも浸透しているような気がする。60点なら、「まあよい」ということろだろうか。

※ただし、人事考課に影響する必須研修だと、満足度が高くなることもある。

参加者数が少ないと、講師は聞き手の反応を把握しながら話を進めやすいので、この場合も「わかりやすい」という反応が強まります。音響や空調設備が不備だと、講師のモチベーションも低下しがちで、「わかりにくい」という反応になりやすいでしょう。

同じ講義・指導でも、以上のような諸条件によってアンケート結果が異なることに留意しなければなりません。この諸条件は、評価の信頼性を左右することになります。

## 2」評価の信頼性

統計調査の**信頼性**※とは、「その尺度によって特定の対象（者）から同じ結果が一貫して得られること」であり、統計調査のテキストでは、体重計の例が取り上げられることが多いようです。

同じ人が同じ時に同じ状態で何度か体重計に載ると、普通、一貫した体重が測定されるはずですが、計るたびに体重が違ってしまうのであれば、その体重計は信頼性に欠けるとみなされます。その原因には、針のブレや文字盤のズレなど体重計自体の問題のほかに、体の乗せかたなど計りかたによる場合も考えられます。

また、同じ人が同じときにいくつかの違う体重計に乗った場合に数字がそれぞれ

---

**※信頼性**
同じ条件で繰り返し行っても、同じ結果が得られることから、「再現性」とも言う。信頼性と妥当性は教育評価方法の原理でもある（たとえば、田中耕治『教育評価』岩波書店、2008年）。

異なっているとしたら、どれかの体重計は信頼できないものとなるでしょう。

研修・講座の評価も、客観性について述べたように、講義・指導条件の違いがあっては信頼性の確保が難しくなります。受講者はそれぞれ違う体重計に当たるからです。つまり、異なる条件下や方法で、A講師とB講師の講義・指導のありかたを比較・評価してはならないということです。特に、過去の年度のデータとの単純な比較は慎重であるべきです。

### 3〕評価の妥当性

妥当性とは、「測定したい事柄を適切な方法で測定できているか」ということです。体重を計るのに、身長計を用いるのは妥当でなく、あくまでも精度の高い体重計を用いなければなりません。学習事業評価なら、学習目標に則した評価基準が設定され、この基準によって評価される必要があります。

前述した「講義はわかりやすかったですか」という質問は、学習事業の評価につなげる意図だとしても、受講者の学習能力の影響を受けるので、妥当性が低くなってしまいます。

# 3 受講アンケートのつくりかた

■評価の信頼性と妥当性を確保するためには、アンケートの質問項目と選択肢がふさわしいものでなければならない。
■質問項目は、得たいデータの意味が明確になるよう具体化する。
■選択肢は、単一回答、複数回答の方式がある。単一回答には、二項選択と多項選択がある。

## 1 質問項目の設定

学習事業評価において、客観性、信頼性、妥当性を確保するためには、そもそも評価のデータになる適切なアンケートづくりを工夫する必要があります。ここでは、質問項目※と選択肢の設定について述べておきましょう。

しばしば受講アンケートには、「満足」か否かを問う項目が設定されています。それはそれでよいのですが、事業評価につなげるのであれば、その「満足度」の具

※**質問項目**
アンケートの意図に則した質問内容を示す事項。質問文と選択肢によってアンケート用紙上に表現される。

体的な内実まで評価できるような項目を設ける必要があります。

講義内容に対する満足度を問おうというのでしょうが、受講者は、実施時間帯や会場、テーマ、進め方、プログラム全体の要因を含めて総合的に判断して回答する可能性があります。そこで、それら要因についても満足度を問うような項目を設けて、評価の妥当性を確保します。

また、前述したように、**「講義・指導の内容・進め方」**（＝講師・指導者に対する評価）と**「受講者の理解・習得度」**（＝受講者自身の自己評価）とを明確に区別して項目を設けます。両者を含むような項目であれば、2つの意味が含まれることを前提にして結果を解釈する必要があります※。両者を明確に区別させたい場合には、具体的な質問項目の前に次のような文を入れておきます。

1．（最初に、）講義の内容や進め方についてお聞きします。　**←この文がポイント**

Q1　講師の話しかたはわかりやすかったですか　5－4－3－2－1

Q2　講義はテーマに則して進められていましたか　5－4－3－2－1

Q3　講義は具体的でしたか　5－4－3－2－1

2．（次に、）あなたの受講状況についてお聞きします。　**←この文がポイント**



※1つの質問に2つ以上の回答対象が含まれている質問をダブル・バーレルと呼ぶ。たとえば、「あなたは飲酒や喫煙の習慣がありますか」のように、「飲酒」と「喫煙」は全く別の行為であるにもかかわらず、1つの質問になっているような場合。ダブル・バーレルな質問は避けなければならない。

| | | |
|---|---|---|
| Q1 | 講義はよく理解できましたか | 5－4－3－2－1 |
| Q2 | 学んだことはこれからの生活に役立つと思いますか | 5－4－3－2－1 |
| Q3 | 次回もこのような講座に参加したいと思いますか | 5－4－3－2－1 |

## 2 選択肢の設定

### ①単一回答（単一選択）

受講アンケートの選択回答形式は、単一回答と複数回答に分けられます※。単一回答には、2つの選択肢から1つを選ぶ「二項選択」と3つ以上の選択肢から選ぶ「多項選択」とがあります。複数回答は、通常、**名義**※と呼ばれる選択肢が用意されます。

二項選択には、「そう思う（はい）」と「そう思わない（いいえ）」などのように肯定か否かを問う方法と、「男」「女」などの名義から該当する方法とがあります。

多項選択は、三項、四項、五項が用いられるのが一般的です。

**多項選択の例**

**三項選択**　1．そう思う　2．どちらとも言えない　3．そう思わない

**四項選択**　1．そう思う　2．どちらかと言えばそう思う

※回答形式については、調査では単一回答形式を「ＳＡ」(Single Answer)、複数回答形式を「ＭＡ」(Multiple Answer)と表す。

※**名義（尺度）**
統計では「名義尺度」と言う。事柄を表す選択肢のこと。選択肢に付された数字は量的な意味をもたず、単なる記号として処理される（記号化）。たとえば、「1．男性、2．女性」などのように、数字は男女を指す記号にすぎない。

五項選択
3. どちらかと言えばそう思わない　4. そう思わない
1. そう思う　2. ある程度そう思う　3. どちらとも言えない
4. あまりそう思わない　5. そう思わない

多項選択のうち奇数項目の場合、「どちらとも言えない」などの中間的な選択肢に回答が偏る傾向があります。また、以下のように、**「非常に」「十分」「まったく」「とても」などの強い修飾語が使われていると、その選択肢が選択されにくいといわれます。**※ 左のAとBを比較してみてください。受講者が「そう思う」と認識している場合、「とてもそう思う」があると（A）、「そう思う」は2番目の評価になりますが、それがないBでは最もよい評価になります。

A　1. とてもそう思う　**2. そう思う**　3. そう思わない　4. まったくそう思わない

B　**1. そう思う**　2. どちらかといえばそう思う　3. どちらかといえばそう思わない　4. そう思わない

※たとえば、内田治著『すぐわかるSPSSによるアンケートの調査・集計・解析』東京図書、2002年、22、23頁

そのほか、多項選択は年齢を問う場合などでも用いられます。たとえば、年齢ならば、「1．20歳代」「2．30歳代」「3．40歳代」「4．50歳代」などから当てはまる選択肢を1つだけ選んでもらいます。

**②複数回答（複数選択）**

複数回答（選択）は選択肢から2つ以上を選択させる方法です。※選択肢は「名義」と呼ばれるもので、年代の場合とは異なって、選択肢は順序にかかわりなく設定されます。たとえば、次のような例が見られます。

> Q1　あなたは、これから学んでみたいと思う事柄を、以下から3つ以内で選んでください。
> 1．歴史　2．文学　3．福祉　4．教育　5．政治・経済　6．時事
> 7．語学　8．自然科学　etc.

選択肢の提示数と選択の制限数は、特に決まりはありませんが、選択肢は選ぶ数の3倍以上に設定するのがよいでしょう。3つ（以内）選択させるなら、選択肢は9つ以上ということです。6つの選択肢から3つ（以内）選ばせると、かなりの選

※複数回答を求める場合、選択肢の順位をさけて回答させることもある。これを「順位法」と言う。

択肢が選ばれる可能性があるからです。また、「3つ以内」など制限を加えず、「すべて選んでください」という方法もあります※。

以上のような点に配慮して、評価目的にふさわしい質問項目と選択肢の設定を工夫することになります。

**【学習事業アンケートの質問項目例】**

性別・年代・職業の有無・居住地などの属性項目のほか、以下のような質問項目を盛り込みたい。

①**講義・指導を受けての受講者としての所感**…ex. 役立ち感、学習意欲の高まり、啓発感（気づかされたという実感）、知識・技術の理解・習得状況、達成感、総合的な満足感など

②**講師・指導者の話や指導法に対する感想**…ex. 受講者把握の有無、丁寧さ、話の聞き取りやすさ、話の具体性（わかりやすさ）など

③**テーマ設定**…ex. 適切さ（時季にかなうか、必要視できるか）、表現のわかりやすさなど

④**会場・教室環境**…ex. 室温の管理、照明管理、音量調整、機器の設置、広さ、座席配置など

⑤**担当職員**…ex. 説明・指示事項、受講者に対するサポート体制、教室内での講師対応など

⑥**プログラム編成**…ex. 学習コマの内容と回数・時間、学習コマの配置、開設時間、講師選定など

⑦**PR方法と参加動機**…ex. 当該事業の情報入手方法、チラシ等の工夫、参加動機・目的など

⑧**今後の希望と学習暦**…ex. 希望テーマ、関心事、参加しやすい時間帯、学習成果の活かし方、学習暦（当該主催者によるもの／他の主催者によるもの）など

※「3つ以内」など制限を加える方法は「制限付き複数回答」と呼ばれ、数を制限しない方法は「無制限複数回答」と呼ばれる。なお、制限付きでは、「3つ以内」がよく用いられるが、この根拠は特にない。

# 4 学習事業評価の指標

■学習事業評価は、受講アンケートを基に行うことが多いが、それだけで行われるわけではない。
■応募者・参加者数、出席率・修了率、学習継続率・サークル化率、学習者による評価、担当者による評価、講師等による評価などの指標を用いて、総合的に評価することが望まれる。

これまで、学習事業評価のデータとして用いられることが多いアンケートについて述べてきました。そのほかに、その評価の指標として以下の項目が用いられます。

**［指標①］応募者・参加者数**

募集定員に対してどの程度の応募者があり、実際に何人の参加があったのかということです。員数主義※を肯定するわけではありませんが、やはり魅力ある研修・講

※**員数主義（いんずう）** 社会教育の研修・講座で使われる概念。研修・講座を評価する参加者等の多少で研考えかたのことで、これだけで評価するのは望ましいとされない。

座には多くの応募や参加があります。

**[指標②]　出席率・修了率**

複数回の学習コマが設定されている場合、各回の出席率も評価指標になります。また、学習の定着性は修了率で図ることができます。脱落者が少ない研修・講座の評価は高くなるわけです。

**[指標③]　学習継続率・サークル化率**

研修・講座の終了後に、学習を継続する意思があることは、その研修・講座が高く評価されていることになります。生涯学習事業では、**社会教育関係団体**※などの自主サークル結成に至る形で継続性が計られます。

**[指標④]　学習者による評価**

主に、前述した受講アンケート結果をデータとします。また、受講時の学習者の態度もこの評価につながります。

**[指標⑤]　担当者による評価**

担当者から見た評価です。主として、観察を通して行われますが、評価項目が設定されず、所感に止まっているのが現状です。評価票を用いて、その結果を保存して活用するよう努めたいところです。



**※社会教育関係団体**
社会教育法では、「法人であると否とを問わず、公の支配に属しない団体で社会教育に関する事業を行うことを主たる目的とする」団体だと定義されている（第10条）。

## ［指標⑥］講師等による評価

講師等による評価は、形式的に実施されていませんが、受講アンケートに対置する評価として今後の実施を望みたい評価です。

ただ、実際には、担当者が事後、講師に感想を求める形で行われることがあります。特に、会場の条件、設備・備品、プログラム運営、受講者の態度などは、改善のために欠かせない評価対象になるはずです。感想でもよいので、担当者として講師から聴き取ることが望ましいでしょう。

アンケートだけでなく、以上のような指標を用いて、様々な視点から学習事業を評価していくことが大切です。たとえば、以上の６つの指標から必要なものを選んで、Ａ４判の用紙に指標を記し、それぞれについて、必要事項を記入して保存しておくようにします。その結果を次回の研修・講座に効果的に活用できるよう、管理することになります。

＊

学習事業の評価で、一つの研修・講座が完結します。最後に、研修・講座をめぐる課題について取り上げておくことにします。

# 10

## 研修・講座のつくりかた

# 研修・講座をめぐる課題

研修・講座をめぐっては、さまざまな課題が指摘されています。たとえば、参加申込者がなかなか集まらない、あるいは申込者が多すぎて苦情が寄せられるなどの問題が見られます。そのほか、新しい企画が生まれない、必要な講師がなかなか見つからないという企画にかかわる課題もあります。

そこで最後に、この章では、それら課題を７つに絞って、そのとらえかたや対応の視点について述べておきたいと思います。

## 1 参加者がなかなか集まらない

参加申込者が定員に満たない場合には、次のような原因と対応が考えられます。

### ①学習・研修内容や講師に魅力がない

内容自体に魅力がない場合とは、学習者のニーズや社会的変化に対応していないこと、啓発性が強すぎるなどお仕着せのような内容であること、テーマ表現が拙いことなどの原因が考えられます。※

講師・指導者も重要な鍵になります。筆者が教育委員会に勤務していたころ、インド人講師に英会話を依頼していた社会教育施設がありました。人気があるはずの英会話教室の割には参加者数が今ひとつでした。多くの人は**ネイティブ・スピーカー**※の指導を受けたいと考えるからです。また、いつも同じ講師に依頼していると、学習者は飽きを感じるようになります。

> 〈対応〉過去の実績にとらわれないで、担当者は受講者の立場になってテーマや講師を見直す。自分の職場以外の人から広く新鮮な情報を積極的に聴取するよう努める。「職場以外」がポイント。

---

※第3章[2]を参照。

※**ネイティブ・スピーカー** 特定の言語をもとと母国語として話す人のことだが、この場合は英語を母国語とする英米人の指導を希望する人が多かった。

**②ＰＲに問題がある**※

当たり前のことですが、著名人であれば黙っていても参加者は集まりますが、そうでない場合には集まりにくいものです。しかし、著名人でなくても、肩書きや実績によって集客できることがあります。それなのに、広報で講師名だけ載せたのでは、その人がどのような人物なのかわからず、その魅力がきちんと伝わりません。※

〈対応〉チラシなどＰＲ媒体に講師の肩書きや簡単な紹介を載せるよう工夫する。また、チラシ等を関係機関以外にも配布するよう努める。

**③会場に行きにくい**

公共施設でも、交通の便がよいところと、そうでないところでは、同じテーマの学習事業でも参加数に差が出ます。不便な会場だと、どうしても参加者の足が遠退きます。

〈対応〉会場は変更できないのであれば、ＰＲを徹底的に工夫する必要がある。併せて、魅力あるテーマを検討したり、ＰＲ媒体を増やしたりする。

※第３章④、第６章③を参照。

※第６章③を参照。

## ④開催曜日・時間とテーマがマッチしていない

テーマは対象の特性も考慮して設定しますが、開催曜日や時間との相性がありま す。※ 実際にはありえませんが、平日の昼間に青少年や勤労者対象の事業を設定しても参加者は集まらないでしょう。夜間に高齢者や子育て中の親対象の事業を企画しても参加者が集まりにくいはずです。

＊過去の実績や他の主催事業を参考にして、テーマ、対象、開催曜日・時間の3要素の相性をよく検討して計画を見直す。

## ⑤競合事業が多い

生涯学習関連の研修・講座の場合、他の施設などが実施するものと競合することが少なくありません。人気講座であっても、時期が重なれば参加者を取り合うことになります。申込者は、学習内容・レベル、講師、参加費、施設環境、会場へのアクセスなどを選択基準とし、都合のよいものを選択していきます。

＊他の実施機関と連携できるのならば、時期・開催時間帯や学習レベルの競合を

---

※第3章1を参照。

避け、また、そうでない場合でも訴求点（アピールすべきメリット）を強調して差別化を図ることも大切。ＰＲ前ならば事業内容の変更も検討する。

**⑥参加費が高い**※

参加者は、どれだけ元が取れるかで参加費の高低を判断します。資格が取得できるか、技術が身につくか、それなりの教材が提供されるかということを考えるのです。

講演や講義だと、その計算の仕方が人によって大きく異なります。公的事業で参加費を徴収する場合、おおよそ以下のような金額が標準的だと思います。

○講演・講義＝１回（90分程度）５００円～１、０００円
○料理教室＝１回５００円～１、０００円※
○スポーツ教室＝１回（１２０分程度）５００円～２、０００円

＊標準的な金額を参考にして、１回５、０００円を超える場合は、参加費の見直しも必要。特に、青少年や高齢者を対象にした研修・講座は、低額に抑えないと申込者がなかなか集まらない。

※第４章[4]頁を参照。

※１食分の食材として計算されます。指導料として、これに５００円～１、０００円プラスもあり得る。

## 2 申込者が多すぎる

今度は反対に申込者が多すぎる場合です。申込者が多いのは担当者として嬉しいことです。かつて公的機関が実施する英会話教室は、無料だったことからとても人気がありました。パソコン教室やテニス教室も人気があります。しかし、抽選などに漏れた申込者からは苦情が寄せられることがあります※。

テーマ等が魅力的な研修・講座だからでしょうが、そのほかに以下のような理由が考えられます。

**①競合事業が少なく、多くの学習者ニーズに応えられていないため**

英会話教室やテニス教室の場合が該当します。学習ニーズが高いのに、これに応じた事業が少ないと申込者が多くなり、苦情を招くことがあります。

**②全体的に学習事業の開催数が少ないため**

そもそもアクセス可能な範域内に学習事業があまり実施されていないと、テーマにかかわらず申込者が多くなることがあります。また、事業が集中しない時期に実施すると、やはり申込みが多くなることがあります。

**③時季にかなう魅力ある企画だから**

大河ドラマに沿うテーマを設定したり、社会問題を取り上げたりすると、申込者数

※主催者は、抽選漏れの人たちからの苦情電話に追われてしまいがち。その対応をあらかじめ考えておく必要がある。

が増える傾向にあります。これ自体はよいことなのですが、その対応を工夫する必要があります。そのような理由から、申込者が多い場合には次のように対応します。

＊どのような人気事業があるかを確認し、これを年間に複数回実施して学習者のニーズに応える。
＊人気研修・講座を複数回実施する場合には、最初の研修・講座の抽選に漏れた申込者を次回に優先するよう配慮する。
＊時季に合うテーマを取り上げる事業では、広い会場を確保する。

しかし、申込みがあっても、実際に参加する人が減ることがあります※。特に、参加費無料だとその傾向が強まります。

＊参加申込みを直接窓口で取扱うようにし、先着順で受け付けると、参加意欲の高い申込者に絞ることができる。電話やハガキによる申込みだと、安易な気持ちで申し込む人が混ざりやすくなるので避ける。

※実際の参加者数はその日の天気・気温によって左右される。

## 3 適切な講師がなかなか見つからない※

講師が見つからないのは、次のような理由によります。

### ①そもそもテーマについて指導できる人材が少ない

たとえば、英語でパソコンを指導できる講師、アフリカ料理の講師などはなかなか身近にはいないでしょう。以前、インドア・プレーン※の指導者がたまたまいたので依頼したことがありますが、このような指導が可能な人は多くないでしょう。また、障害者を対象にメイクアップアートを指導できる人材を専門学校にお願いして派遣してもらったことがあります。

> ＊テーマに関係する専門学校や専門高校があれば、相談するとよい。電話帳なども十分活用できる。
> ＊社会教育関係者は学校関係者に相談し、学校関係者は社会教育関係者や一般行政部局に相談する。企業関係者は行政に相談する。

---

※第5章1を参照。

※インドア・プレーン　室内で飛ばす超軽量な模型飛行機のこと。数グラム程度の重さのため、風などの影響を受けないよう室内で用いられる。普通、滞空時間を競うが、デザインや軽さでも競われる。

**②講師に関する情報が乏しい**

過去に依頼したことがないテーマだと、なかなか情報が見つかりません。また、担当者の人的ネットワークが狭いと情報収集の範囲が限られます。

ただし、普通は情報収集不足によることが多いはずです。新聞から情報を得たり、電話帳を活用したり、他所の類似事業をよく調べたりすることが必要です。

*情報媒体を変えてみる。定期購読雑誌や既存資料から、誌名や分野の違う資料に目を移してみる。それでも見つからないときには、テーマの変更もやむを得ない。
*「CiNii」※で論文や図書を検索し、著者を見つける。
*「J・GLOBAL」※や大学HPの「研究者総覧」で大学教員や研究者を探す。

**③謝金額が低すぎる**

謝金額が低くて見つからないのは、標準的な相場をあらかじめ把握しておかないからです。

※CiNii（サイニィ）
※第5章1を参照。

一般的には、講師業を専業としている人よりも、講師以外の本業で固定収入を得ている人は低めの謝金でも承諾してくれる人が多いようです。ただ、弁護士や医師などはそれなりの相場を覚悟すべきです。※

＊大学教員など固定収入を得ている適材を中心にさがすとよい。ただし、非常識な低額だと、承諾を得るのは難しいので、相場を念頭に置く。

**④開始時期までの期間が短い**

開始時期までの期間は、最低でも1か月ないと講師探しは難しいでしょう。何かの理由でその期間が1か月を切ってしまったときには、**依頼実績のある馴染みの講師に頼むのも1つの方法**です。また、開催日は変更できなくても、プログラムの入れ替えなどで**時間変更を行うと承諾が得られる**こともあります。

＊過去に依頼したことがある馴染みの講師を当たってみる。午前と午後の入れ替えなど依頼時間の変更も検討しておく。

---

※第5章②を参照。

## 4 新しい企画が生まれない

プログラムがマンネリ化してきていると感じる担当者は珍しくないと思います。その原因には以下のことが考えられます。

### ①担当者が一人で企画を練っている

担当者一人だけでは新しい企画は生まれにくいものです。一人では経験や専門、情報ネットワークに限界があるからです。

＊行政や学校の職員ならば、他の部署・学校や市町村との情報交換に努め、企業ならチームで企画立案に取り組む。研修・講座のチラシ等の交換[※]は新しい企画を生み出すには効果的である。

### ②既存の企画でもそこそこの参加者が集まる

従来から実施されている定番の研修・講座にはそこそこの参加者が集まるから、特に新企画は必要ないと考えてしまいがちです。そうした姿勢だと、社会的変化や学習者のニーズに応じた企画がなかなか生まれません。



※第3章2を参照。

＊受講アンケートなどで、学習ニーズを把握するよう努める。また、他の機関が主催する研修・講座を日ごろから把握しておく。
＊定番企画と開発的企画に分けて、後者に力点を置くようにする。

**③新しい企画に踏み出す勇気がない**

新しい企画の実施は1つの冒険ないしは挑戦になるので、なかなか踏み出せないこともあります。

20年以上前に、速読講座を企画したことがあります。たまたま購入した図書の著者[※]が速読の研究をしていることを知ったからです。視覚障害の研究者です。当初、上司はその企画を実施するのに戸惑った様子でしたが、「とりあえず、やってみよう」という結論になりました。申込者は定員を上回る結果になりました。申込者もマンネリ講座に飽き、速読講座を新鮮に感じたからです。

＊無理な企画でない限り、「とりあえず、やってみよう」という気持ちで新企画に踏み出す。
＊いたずらにいろいろな人に意見を求めるのではなく、信頼できる同僚と上司

※佐藤泰正著『速読の科学―どこまで速く読めるか』講談社ブルーバックス、1988年。

に相談して決める。また、講師を依頼してみたい専門家に相談し、助言を得る。

## 5 リピーターをどうしたらよいか

リピーターには、問題のある人とそうでない人がいます。問題のある人とは、学習を妨害する人です。講師に難癖のような質問をぶつけたり、学習レベルを上げるような雰囲気をつくったりします。

ある人権講座には、元新聞記者が受講していました。その方は、講師の言動に偏見があると主張し、毎回苦情をぶつけてきます。担当者からみれば、決して偏見で講義を行っているように思えません。元記者さんは単なる妨害者のようでした。

また、英会話教室で、リピーターが少し上達した会話力をひけらかし、他の学習者の自信と意欲を低減させるような雰囲気をつくってしまうことがあります。

したがって、**問題のないリピーター**※には特別な対策は不要ですが、問題のあるリピーターに対しては、次のように対応するとよいでしょう。

＊これまでの問題について伝える。争いになる可能性もあるので、事実だけを

※**問題のないリピーター**
申込者が少ない研修・講座に参加を呼びかければ、応じてくれる可能性のある味方なので、大事にしたい。

伝えるにとどめる。これだけでも抑止効果はある。
＊英会話など人気プログラムの場合には、初回受講者優先にして、原則としてリピートを認めない旨を募集時期に承知しておく。
＊どうしても、問題のあるリピーターが受講する場合には、講師にその旨を伝えておく。場合によっては、そのリピーターにむしろ講師補佐的な役割を与えると、態度が好転することがある。

## 6 宗教的・政治的中立性をどう確保するか

民間学習事業所なら別の話ですが、公的な施設・機関が実施する研修・講座では、宗教的・政治的な偏りがないよう、中立性を確保する必要があります。※

### ①宗教的・政治的偏りの有無は、テーマと講師によって判断される

実際の学習内容に偏りがない場合でも、テーマや講師の肩書きに特定の宗派、政党に関する文言が含まれていると、偏向していると判断されてしまいます。

＊公的機関が主催する場合には、できるだけ大学教員などの研究者に依頼する。

※第3章③、第5章①を参照。

＊テーマや講師肩書きには、特定の宗派・政党等を盛り込まないようにする。肩書きは、「宗教家」「政治研究家」などとする。

また、宗教家（聖職者など）や政治家（経験者を含む）に講師を依頼する場合には、中立性を確保してもらうよう、よく打ち合わせておきます。宗教的な寛容の精神や政治的な教養を身につけるための学習であることを理解してもらえるように説明します。※その理解が得られない講師ならば、依頼しないのが肝心です。できれば、研究者に依頼するのが無難でしょう。

＊宗教的な寛容の精神や政治的な教養の向上が目的であることを確実に理解してもらう。宗教的な儀式や服装は避けてもらうようにする。

## 7」打ち合わせや会議の日程調整がうまくいかない

打ち合わせや会議の日程調整がうまく行かない場合、どうしたらよいでしょうか。担当者が「日程調整票」を送り、複数の相手に出席可能日と不都合日を記入させる方法が多いように思いますが、以下のような問題に直面しがちです。

**※宗教的・政治的中立性**
教育基本法は以下のように定めている。

（政治教育）

第一四条　良識ある公民として必要な政治的教養は、教育上尊重されなければならない。
2　法律に定める学校は、特定の政党を支持し、又はこれに反対するための政治教育その他政治的活動をしてはならない。
（宗教教育）
第一五条　宗教に関する寛容の態度、宗教に関する一般的な教養及び宗教の社会生活における地位は、教育上尊重されなければならない。
2　国及び地方公共団体が設置する学校は、特定の宗教

○全員の出席可能日が1日もない
○出席可能なメンバーが半数程度に割れてしまう※
○調整したはずなのに、欠席者が多くなってしまう
○回答者が少ない

そうした原因として、以下のようなことが指摘できます。

**①調整票の提出期限が長い**

提出まで2週間以上あると、早く提出した人に新たな予定が入ることがあります。また、先延ばしできるため、回答し忘れやすくなります。

| |
|---|
| ＊回答期限は1週間以内にする。回答が多少遅れる人がいても、期限にはおおよその日程が決められる。 |

**②調整日程の範囲が広すぎる**

調整日程の範囲が広すぎると、後々の予定まではわからないので、回答者には防衛心理が働き、「出席可」を少なめにしようとします。

---

のための宗教教育その他宗教的活動をしてはならない。

※半数に達していなくても、キーパーソンの日程を優先させて決めてしまう。

＊2～3か月先までの予定に絞り込む。また、キーパーソン（会長等）の日程を優先させて、その都合がよい日程のみを提示しておく。また、曜日が偏らないように配慮する。

**③調整結果の通知が遅い**

調整結果の通知が遅いと、その間に新たな予定が入り込みやすくなります。※

＊回答期限から遅くとも1週間以内に結果を通知する。未回答者の返事を待っていたことで、通知が遅くなると、出席可能だった人の予定が変更されていることがある。

**④時間帯の区切りが悪い**

午前・午後・夜間などの単純な区切りなどでは、「不都合日」の回答に傾きます。遅参が可能か否かも「不都合日」に影響します。遅参可能ならば、設定調整の範囲が広がります。※



※回答者は、都合日と不都合日をいちいち記録していないのが通例である。たとえ記録していても、1か月も放置されれば、他の予定を入れてしまう。

※普通、遅参・途中退席を避けたがるので、そうした日は「不都合日」で回答される。

＊何時から何時までなのかを明確にしておく。また、遅参可能な場合にはその旨を伝えて調整を図る。

**⑤メンバーの参加意欲が低い**

そもそもメンバーがあまり参加したくない思っていると、不都合日が多くなります。1回の会議等が3時間を超えると、参加意欲は低減しがちです。

＊会合時間を短縮できればよいが、できなければ「遅参」「早退」などのチェック欄を設けておく。

**⑥eメールでファイルを添付して返信するのが面倒**

調整票がWordなどの添付ファイルで送信されると、これに予定を記入して、いったん保存してから返信メールに添付するのが面倒だという人が結構います。※

＊日程調整サービスを利用する。㈱リクルートの「調整さん」、㈱インフォア

※eメールの返信文に直接書き込めるような調整表だと返信も面倒ではない。

日程調整サービスの例

| | HS | TT | 佐 | sa | sa2 | mk |
|---|---|---|---|---|---|---|
| 9/1（土） 15:00～ | ○ | ○ | ○ | ○ | ○ | ○ |
| 9/8（土） 15:00～ | ○ | ○ | × | ○ | × | △ |
| 9/9（日） 15:00～ | × | △ | × | ○ | ○ | × |
| 9/10（月） 15:00～ | ○ | ○ | ○ | ○ | ○ | ○ |
| 9/16（日） 15:00～ | × | ○ | × | ○ | ○ | × |
| 9/21（金） 15:00～ | ○ | ○ | ○ | ○ | △ | ○ |

○出席可能　△調整可能　×不都合

ローの「伝助」、㈱アネクの「TONTON」などのスケジュール調整サービスが便利。これらサービスには会員登録の有無や携帯電話利用の可否などサービスの方法が異なる。

日程調整は、初回会合で第2回目の日程を決め、第2回目には第3回目を決めるように、順次決定していく方が効率的であり、かつ出席者も確保しやすいはずです。日程調整表はそれが不可能なときに活用するとよいでしょう。

# おわりに

本書は研修・講座のノウハウを網羅しているわけではなく、また、記述内容が実際のすべての業務に当てはまるわけではありません。

本書をお読みになって、「なるほど、そうなのか」「確かにそうだ」と感じたところを十分活用していただき、「そんなことは言われなくてもわかっている」と思った部分は、読み飛ばしていただいて結構なのです。また、「おや、違うぞ」と感じたところは無視するか、編集部までお知らせくだされば嬉しく思います。

ところで、「研修・講座をつくる」ことは、クリエイティブな仕事に属すると思います。確かに、既存の研修・講座を前例踏襲的に実施するのではクリエイティブな仕事とは言いにくいのですが、新しい企画を立て、どう運営していけば、参加者がどのような反応を見せてくれるか。そうしたことを意識しながら研修・講座をつくることは、いわば「知」の創造にかかわる仕事だと言えましょう。

期待どおり、あるいはそれ以上の手応えがあれば、担当者としてそれがクリエイティブな仕事であることが実感できるはずです。また、そこに至るまでには、多くの関係図書や資料を読んで理解しなければならないので、企画・運営業務自体が知的な仕事だと言えます。

実際に各地の研修・講座で講師を依頼されたときに感じることは、講師のモチベーションを上げるのも下げるのも、担当者の対応と姿勢次第だということです。むろん、受講者の学習意欲にも担当者の在り方が強く影響します。そうした雰囲気づくりのためには、本書で述べたようなノウハウが不可欠になるわけです。

なお、本書のようなノウハウを書こうと思ったのは、実は20年以上も前からです。

当時、私は、教育委員会の社会教育主事として各種の研修・講座等を企画・運営していました。他区を含むベテラン社会教育主事などから様々なノウハウを教えてもらいながら仕事をしていたのですが、ノウハウがなかなか共有されず、引き継がれない現状がありました。それからずいぶん長い月日が経ちましたが、大学に職を得てからの研修・講座の講師経験を活かしながら、ここにようやく上梓することができました。

本書では、研修・講座の企画や運営について問題点も指摘しているので、私のことを、いちいち面倒なことを言う人間だと思う方もいるかもしれません。しかし、これら問題点は改善を期待したいことであり、かつ講師としての経験豊富な知人・友人などの意見や不満も踏まえたものです。

本書がこれからの研修・講座が受講者にとってより意味のある知的資源になるとともに、担当者にとってクリエイティブな仕事になることに、いささかでも役立てば幸いです。

最後に、出版事情が厳しい現在、本書の意義を理解くださった㈱東洋館出版社の故・錦織与志二前社長、現・錦織圭之介社長ならびに川田編集部長、そして、ユニークなアイデアを盛り込みながら編集実務に努めてくださったt氏には心から感謝申し上げたい。

【著者紹介】
## 佐藤晴雄
（さとう・はるお）

日本大学教授（文理学部教育学科）。
東京都大田区教育委員会社会教育主事を10年間務めた後に、帝京大学講師・助教授を経て、平成18年から現職。早稲田大学講師・東京工芸大学講師を兼任。この間、大阪大学大学院講師、九州大学講師、筑波大学大学院講師、東京学芸大学大学院講師などを歴任。学会活動として、日本教育経営学会常任理事、日本学習社会学会常任理事など。社会的活動として、文部科学省コミュニティ・スクール企画委員会委員、全国コミュニティ・スクール連絡協議会事務局長、千代田区生涯学習推進委員会会長ほか。
主な著書に、『生涯学習概論』学陽書房、『生涯学習と社会教育のゆくえ』成文堂、『学校を変える　地域が変わる』教育出版、『コミュニティ・スクールの研究』（編著）風間書房、『地域社会・家庭と結ぶ学校経営』（編著）東洋館出版社、『教育法規解体新書』（監修）東洋館出版社、他多数。

学習事業　成功の秘訣!
**研修・講座のつくりかた**

2013（平成25）年5月17日　初版第1刷発行
2022（令和 4 ）年9月28日　初版第3刷発行

［著　者］佐藤　晴雄
［発行者］錦織　圭之介
［発行所］株式会社　東洋館出版社
〒101-0054
東京都千代田区神田錦町2丁目9番地1号
コンフォール安田ビル2階
（代　表）TEL：03-6778-4343
FAX：03-5281-8091
（営業部）TEL：03-6778-7278
FAX：03-5281-8092
（振　替）00180-7-96823
（ＵＲＬ）https:/www.toyokan.co.jp

［印刷・製本］藤原印刷株式会社
［装丁・本文デザイン］中濱　健治

ISBN978-4-491-02934-4　Printed in Japan